ココミ

石垣 竹富
宮古 西表島

八重山諸島

Yaeyama Islands

石垣島の平久保崎から見たサンゴ礁の海（P23）

南国の光と風に癒やされる
極上の島時間へようこそ

心まで晴れわたる広い空と青い海、
さんさんと輝く太陽と吹き抜ける海風……。
魅惑の大自然に囲まれた島々へ、ようこそ。
ゆったりと流れる島時間に身をまかせたら
心も体もふんわりと和らいでいきます。

竹富島の赤瓦屋根の集落を水牛車が行く(P68)

昔ながらの赤瓦屋根でシーサーが笑い、
海をのぞけば色とりどりの魚たちが舞う。
いつまでも記憶に残る沖縄の原風景が、
八重山の島々にはあふれています。

上:シュノーケリングで見られるカクレクマノミ(P33)
左:マングローブが広がる西表島(P70)

右:憧れのリゾートホテルに泊まる(P50)
下:ブランド牛として人気の石垣牛(P40)

石垣島を中心とした八重山諸島には、
個性あふれる島々が揃っています。
絶景にグルメ、海あそび、ショッピング。
アイランドホッピングで欲張りに満喫。

八重山諸島屈指の白砂ビーチ、竹富島のコンドイ浜(P67)

宮古島と伊良部島を結ぶ伊良部大橋(P98)

Miyako Islands

宮古諸島

驚くほど透明度の高い海は、宮古島の宝物。
真っ白なパウダーサンドが足元をくすぐり、
エメラルドブルーのグラデーションが、
心を優しく癒やしてくれます。

Ikema
Irabu
Shimoji
Miyako
Kurima

島素材をおいしく味わえるカフェ巡りや、
ビーチで波とたわむれるアクティビティ、
そして海上ドライブと、宮古島ならではの
魅力あふれるあそびを心ゆくまで楽しんで。

左：シュノーケリングツアーでウミガメに出合えるかも(P105)
右上：絶景や島メニューを楽しめる海カフェ(P108)

池間大橋のたもとには美しい海が広がる(P101)

東洋一の美しさと賞される与那覇前浜(P102)

宮古ブルーと呼ばれる透みきった海が、
リゾート感を演出する宮古島。
お気に入りの場所で、自分らしいひとときを過ごす。
そんなあなただけの休日が南の島にはあります。

ヒルトン沖縄宮古島リゾートで
贅沢な時間を過ごす
(P113)

石垣・宮古、周辺の島々をご紹介

**沖縄県・琉球諸島の一部、先島諸島に属する島々で、
石垣島を中心とする八重山諸島と、宮古島を中心とする宮古諸島があります。**

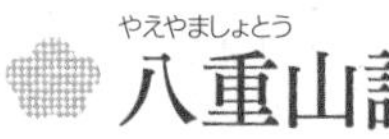

八重山諸島 ☞P60

沖縄本島の南西400～500kmに位置する島嶼群。玄関口の石垣島をはじめ、竹富島、黒島、新城島（上地島、下地島）、小浜島、西表島、由布島、鳩間島、与那国島、波照間島など、10の有人島と周辺の無人島から成り立っています。

竹富島 … P64

ココがおすすめ!

重要保存地区の赤瓦屋根集落

一般車の乗り入れがなく、のんびりとした雰囲気の集落には、沖縄の原風景が広がります。

石垣島 … P20

ココがおすすめ!

七色に変化する川平湾

時間帯によって色が変化するという川平湾。満潮時の午後がおすすめです。

小浜島 … P82

ココがおすすめ!

一本道のシュガーロード

サトウキビ畑の真ん中を通る約1kmの道は、夏から秋にかけて、緑色が鮮やかです。

与那国空港
与那国島
八重山諸島
鳩間島
西表島
小浜島
石垣島
390
新石垣空港
加屋真島
由布島
竹富島
新城島
黒島
波照間島

西表島 … P70

ココがおすすめ!

カヌーで行く原生林

八重山諸島最大であり、標高400m台の山で覆われた島。亜熱帯の自然林をカヌーで行ってみましょう。

黒島 … P84

ココがおすすめ!

ウミガメが上陸する西の浜

ウミガメが産卵することでも有名。黒島研究所ではウミガメの一般公開もされています。

与那国島 … P88

ココがおすすめ!

神秘的な海底地形

島の南東約50m、水深10～15mにある、不思議な地形は迫力満点。

波照間島 … P86

ココがおすすめ!

ダイナミックな景観の高那崎

高さ数十mの断崖絶壁に、荒々しく波が打ち寄せるさまは絶景。冬から春は南十字星も観測できます。

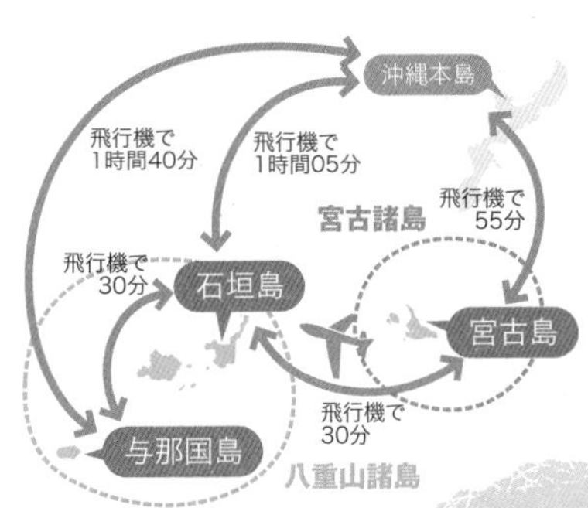

沖縄本島
からもこれだけ
かかります

沖縄本島に一番近い宮古島で約300km、一番遠い与那国島は約530kmも離れています。ちなみに与那国島から台湾へは約111kmです。

八重山・宮古 豆知識

昔は本州と時差がありました

先島諸島では明治29年(1896)から昭和12年（1937）まで、日本標準時より1時間遅い、西部標準時が採用されていました。

御嶽（うたき）とは？

沖縄独特の信仰の場で、島の神が降臨する聖地のこと。形態は建物や石などさまざまですが、神聖な場所なので、むやみに立ち入らないように。

宮古諸島（みやこしょとう）

☞P96

沖縄本島から約300km南西に位置し、宮古島（みやこじま）を中心に、池間島（いけまじま）、大神島（おおがみじま）、来間島（くりまじま）、伊良部島（いらぶじま）、下地島（しもじしま）、多良間島（たらまじま）、水納島（みんなじま）の8つの有人島と、周辺の無人島から成り立っています。サンゴに囲まれた海の透明度は、沖縄随一の美しさです。

宮古島（みやこじま） …P96

ココがおすすめ！

沖縄一美しい海でダイビング

透明度の高い海では、遠くの魚まで見渡せます。カラフルな熱帯魚をダイビングで楽しみましょう。

伊良部島・下地島（いらぶじま・しもじしま） …P98

ココがおすすめ！

伊良部大橋を渡ってドライブ

伊良部島と下地島は、6本の橋でつながっています。渡口の浜は、伊良部島の南部に位置します。

池間島（いけまじま） …P101

ココがおすすめ！

島の高台から池間大橋を一望

宮古島から池間大橋を渡ってすぐの売店の屋上からは、橋の全景を遠望できます。

来間島（くりまじま） …P99

空へ走る感覚の来間大橋

ココがおすすめ！

中央部が盛り上がっている来間大橋は、上りの際に、大空に舞い上がるような感覚が味わえます。

1日目　おはよう！

12:00 新石垣空港

いよいよ石垣島の旅が始まる。島旅にはレンタカーがおすすめ。手続きしたら出発！

13:00 八重山そば

まずは八重山そば（☞P38）の名店で腹ごしらえ。つるっとした麺は、のど越し抜群

14:30 川平湾

絶景スポットをドライブ（☞P22）。川平湾（☞P24・26）で海の美しさに感動！

川平湾のグラスボート（☞P27）で、海の生き物を観察。大きなサンゴを発見

16:00 海カフェ　絶景！

景色自慢のカフェ（☞P42）で休憩。トロピカルなジュースでリフレッシュしましょ♪

17:30 ホテルに宿泊

ホテルにチェックイン。リゾートホテル（☞P50）で一日の疲れをのんびりと癒やそう

うっとり…

ホテルのレストランで夕日を眺めながら、ゆったりとディナータイムを楽しみたい

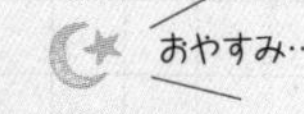
おやすみ…

夕食の後もホテルには楽しみがいっぱい。例えば、エステでリラクゼーションもおすすめ

2日目
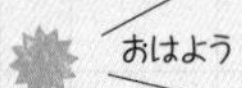
おはよう！

9:00 体験ダイビング

1日体験ダイビング（☞P30）で海中散歩。まずはシュノーケリングにトライしてみて

かわいい

ダイビングで、クマノミなど、サンゴに棲む魚たちを間近で観察。海の中は別世界！

運がよければ、川平湾沖合のマンタが集まるポイントで、マンタに遭遇できるかも!?

16:30 南国スイーツ

暑いときにうれしい南国スイーツ（☞P44）は、アイスにトロピカルフルーツがたっぷり

3泊4日でとっておきの石垣・西表・竹富の旅

石垣島で川平湾などの絶景スポットや、マリンアクティビティを楽しんだ後は、
西表島や竹富島の離島巡りへ。
南ぬ島の自然と文化にふれる、ワクワク満載のプランをご紹介します。

おやすみ…

17:00 ユーグレナモール

みやげ店や飲食店が並ぶ、商店街をぶらり。島ならではの雑貨探しも楽しい

18:00 島ごはん

島食材を使った島ごはん（☞P36）が味わえる食堂で夕食。お酒はもちろん泡盛でキマリ

20:00 民謡酒場

八重山民謡の生ライブ（☞P46）にうっとり。最後は照れずにカチャーシーで盛り上がろう

22:00 ホテルに宿泊

リゾートホテルに宿泊。翌日は朝早いので移動に便利な市街地近くのホテルもおすすめ

3日目

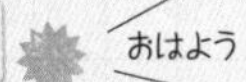

おはよう！

おやすみ…

8:30 石垣港離島ターミナル

石垣島からフェリーで西表島に出発。約45分で西表島・上原港に到着する

9:10 西表島（いりおもてじま）

遊覧船に乗り、カンビレーの滝（☞P77）へ。トレッキングで大自然を満喫して

14:00 由布島（ゆふじま）

のんびり

西表島から約400mの由布島（☞P74）へ水牛車で向かう。離島ならではの体験に感動

19:00 ホテルに宿泊

西表島から石垣島へ戻り、ホテルに連泊。明日に備えて早めに休もう

4日目

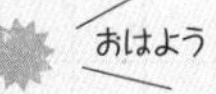

おはよう！

9:00 石垣港離島ターミナル

前日と同じ離島ターミナルから竹富島へ向かう。高速船に乗って約10分で到着

9:10 竹富島（たけとみじま）

伝統的な赤瓦の町並みを水牛車でのんびり巡りながら、ガイドの島案内を聞こう

気持ちいい〜！

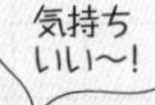

レンタサイクルで島をぐるりと一周してみるのもおすすめ。約1時間で手軽に回れる

ぼんやり

白い砂浜と透きとおった海が広がるコンドイ浜。美しい景色に、時間が経つのも忘れそう

12:00 石垣牛

高速船で石垣島に戻ってランチ。ブランド牛、石垣牛（☞P40）で旅の最後の贅沢を

14:00 石垣島ラー油

石垣島ラー油を石垣ペンギン（☞P37）で購入。おみやげには欠かせない逸品

15:00 石垣市公設市場

島食材が揃う市民の台所でおみやげ探し。フルーツや海ぶどうなどの海産物も（☞P57）

17:00 新石垣空港

到着

時間に余裕をもってチェックイン。おみやげで増えた荷物は宅配便などで発送しよう

2泊3日でとっておきの宮古島の旅

海岸線には景勝地や、サンゴ礁がのぞく白砂のビーチが点在。橋を渡って行く池間島、来間島や東平安名崎など人気スポットを巡りながら、宮古グルメも楽しみましょう。

1日目

10:30 宮古空港

到着～！

空港に着いたら、レンタカー会社のスタッフへ連絡。手続きしたらいざ出発！

11:00 与那覇前浜

憧れの宮古ブルー♪

東洋一美しいといわれる与那覇前浜（☞P102）。真っ白なパウダーサンドが7kmも続く

11:30 来間大橋

全長1690mの来間大橋（☞P99）を渡って、カフェや雑貨店が集まる人気の来間島へ

12:30 宮古そばでランチ

宮古島に戻り、丸吉食堂（☞P106）で宮古の定番メニュー・宮古そばを味わおう

14:00 東平安名崎

国の名勝！

宮古一の絶景スポット・東平安名崎（☞P100）へ。360度見渡せる海景色に感動！

15:00 宮古島市体験工芸村

宮古上布など9工房が揃う体験施設（☞P99）で宮古島の伝統工芸や文化にふれよう

18:00 平良市街のホテルへ

繁華街から徒歩圏内にあるシティホテル（☞P114）にチェックイン。設備も充実し、快適

19:00 民謡居酒屋へ

おやすみ…

三線ライブを行う泡盛と沖縄料理 郷家（☞P115）へ。客席も盛り上がって一緒に踊る！

2日目

おはよう！

09:10 シュノーケリング

日本最大級のサンゴ礁群・八重干瀬で体験シュノーケリング（☞P105）に挑戦！

13:00 池間大橋

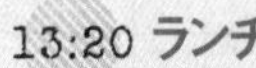

海の世界に感動♪

宮古島と池間島を結ぶ池間大橋（☞P101）。爽快な気分で海上ドライブを満喫！

13:20 ランチ

人気の島食堂「すむばり食堂」（☞P106）で、島の食材を使った郷土料理に舌鼓

15:00 カフェで休憩

マンゴー農家が営むカフェ「すくばりテラス」（☞P100）でマンゴー尽くしのスイーツタイム

気持ちいい～♪

おやすみ…

16:30 伊良部大橋（いらぶおおはし）

通行無料の橋としては国内最長を誇る伊良部大橋（☞P98）は必見

18:00 リゾートホテルへ

リゾートホテル（☞P112）に宿泊。南の島ならではのホテルライフをたっぷり楽しみたい

宮古牛でディナー

ホテル内の焼肉レストランで宮古牛を味わおう。やわらかく甘みのある肉に舌鼓

ホテルでエステ

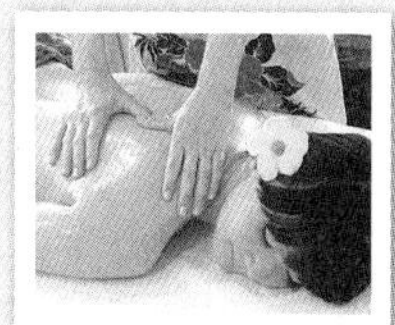

ルームエステで心も体もリラックス。極上トリートメントで旅の疲れを癒やそう

3日目

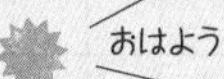

おはよう！

10:00 シーサー作り体験

土の塊から形成していくマイシーサー作り（☞P115）は大人も夢中になる楽しさ！

12:30 ランチ

ランチは平良市街にあるレストラン 海の幸（☞P107）で宮古島でとれた鮮魚の料理を

13:15 パイナガマビーチ

市街に最も近いビーチ（☞P102）。東屋など日陰も多く、休憩にぴったり

14:00 市街でショッピング

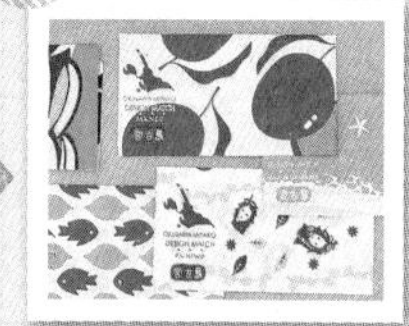

平良市街地でおみやげ探し（☞P110）。かわいい南国雑貨を扱う店が揃っている

14:30 宮古島市公設市場

宮古島の特産物が並ぶ宮古島市公設市場（MAP折込表・平良市街中央）も市街地にある。

15:00 カフェで休憩

RICCO gelato（☞P115）でひと休み。宮古素材を使ったジェラートをどうぞ

16:30 宮古空港

時間があれば2階のみやげ店もチェック。空港限定泡盛などもある！（☞P122）

17:30 那覇空港

到着！

乗り継ぎ時間の合間に、空港内でショッピングや沖縄グルメを楽しもう

せっかくだから日帰りで小島へも

4日目はひと足のばしてみませんか？

伊良部大橋を渡って、伊良部島・下地島へ

宮古島の北西8kmの海に浮かぶ伊良部島・下地島。2つの島は橋でつながり、自由に行き来ができる。渡口の浜（☞P102）など、観光地も点在。宮古島と伊良部島を結ぶ伊良部大橋をレンタカーで渡れば、日帰りでの観光も無理なくできる。下地島空港（☞P123）では、搭乗客以外でもグルメやショッピングを楽しめます。

右：通り池 MAP折込表A4/下：島のシンボル・サシバを象った牧山展望台 MAP折込表B4

ココミル
cocomiru

石垣 宮古 竹富 西表島

Contents

旅のプロローグ
極上の島時間 …2
石垣・宮古、周辺の島々をご紹介 …10
3泊4日で とっておきの石垣・西表・竹富の旅 …12
2泊3日で とっておきの宮古島の旅 …14

エメラルドグリーンの海とサンゴ礁に囲まれた石垣島へ …18
石垣島ってこんなところ …20

癒やしの絶景がたくさんあります …22
島内一の絶景・川平ブルーに合いましょう …26
極楽ビーチで癒やしのバカンス …28
憧れのマンタにも出会えます …30
石垣島で感動の島遊び …32
八重山みんさー織り・藍染め …34
素朴であったか石垣グルメ …36
八重山そばは、はずせません …38
石垣産牛を味わう幸せ …40
風景もごちそうの海カフェへ …42
カラダにうれしい南国スイーツ …44
夜は民謡酒場で盛り上がりましょう …46
とっておきの島みやげ …48
心ときめく贅沢ステイ …50
石垣島のおすすめスポット …56

ふむふむコラム
石垣島生まれのスパイス …58

●表紙写真
石垣島 南島焼（P48）の大皿、竹富島コンドイ浜（P67）、ハウトゥリー ジェラート（P44）のマンゴーミックス、竹富島（P64）のシーサー、soramoyo（P110）の革アイテム、由布島（P74）の水牛車、カクレクマノミ、Natural Garden Cafe PUFF PUFF（P42）のトロピカルパフェ、はいむるぶし（P92）のプールサイド

手つかずの自然が残る八重山諸島では沖縄の原風景に出合えます …59

八重山諸島ってこんなところ …60

石垣港離島ターミナル …62

竹富島 …64

竹富島全体図／竹富島中心部 …65

爽快サイクリング …66
水牛車で島巡り …68

ふむふむコラム
竹富島の赤瓦屋根の集落 …69

西表島 …70

西表島のアクティビティ …71
西表島全体図／上原〜浦内／大原港 …72

ふむふむコラム
八重山諸島いきもの図鑑 …73

水牛車で海を渡って由布島へ …74
島を満喫する、ネイチャーツアー …76
バラス島〜鳩間島でシュノーケリング三昧 …78
グルメもうなるアラカルト …80

小浜島 …82

黒島 …84

波照間島 …86

与那国島 …88

離島の極上リゾート&隠れ家風ホテル …90

海の透明度は沖縄屈指です。きめ細かい白砂ビーチの宮古島へ …94

宮古諸島ってこんなところ …96

島一周宮古島ビュードライブ …98
沖縄屈指の癒やされビーチ …102
とっておきの海遊び …104
食べたいもの大集合！ …106
海沿いのカフェ …108
かわいい宮古みやげ …110
とっておきのリゾートホテル …112
宮古島のホテル …114
宮古島のおすすめスポット …115

ふむふむコラム
泡盛のイロハをお勉強 …116

交通ガイド …118
新石垣空港 …121
宮古空港 …122
下地島空港 …123
八重山諸島・宮古諸島の知っておきたいエトセトラ …124

INDEX …126

〈マーク〉
- 観光みどころ・寺社
- プレイスポット
- レストラン・食事処
- 居酒屋・BAR
- カフェ・喫茶
- みやげ店・ショップ
- 宿泊施設

〈DATAマーク〉
- ☎ 電話番号
- 住 住所
- ¥ 料金
- 開館・営業時間
- 休 休み
- 交 交通
- P 駐車場
- 室 室数
- MAP 地図位置

島の周囲にはサンゴ礁が広がる

伝統的な八重山みんさー織り（☞P34）

海に浮かぶようなカフェへ（☞P42）

南国フルーツはハズせない

憧れの川平湾へ！（☞P24・26）

満天の星に感激！（石垣島天文台☞P56）

ビーチで過ごす島時間（米原海岸☞P24・28）

みごとな夕日に合いに（御神崎☞P25）

エメラルドグリーンの海と
サンゴ礁に囲まれた石垣島へ

透明な海と青い空が見られる
世界に名高い美景スポット川平湾があり、
天然記念物のヤエヤマヤシが自生する、
八重山諸島のメインアイランドです。

ホテルのプールで優雅に(☞P50)

ひんやりスイーツはマスト(☞P44)

石垣島(いしがきじま)ってこんなところ

沖縄本島から飛行機で約1時間。
石垣島は八重山諸島(やえやましょとう)への玄関口です。

観光のみどころは4つのエリア

石垣島は、沖縄県内では、沖縄本島、西表島(いりおもてじま)に次ぐ大きな島です。賑やかな繁華街がある石垣市街ではグルメやみやげ探しを楽しめます。一方、西部や北部など市街部から少し離れると沖縄らしい自然が広がっています。

観光前に情報集め

新石垣空港到着ターミナルには飲食店、ダイビング、フェリーなど観光用パンフレットがずらりと並んでいます。石垣市観光交流協会のスタッフも常駐しているので、空港を出る前に、まずは最新情報を入手しておきましょう。

問合せ 石垣市観光交流協会 ☎0980-82-2809

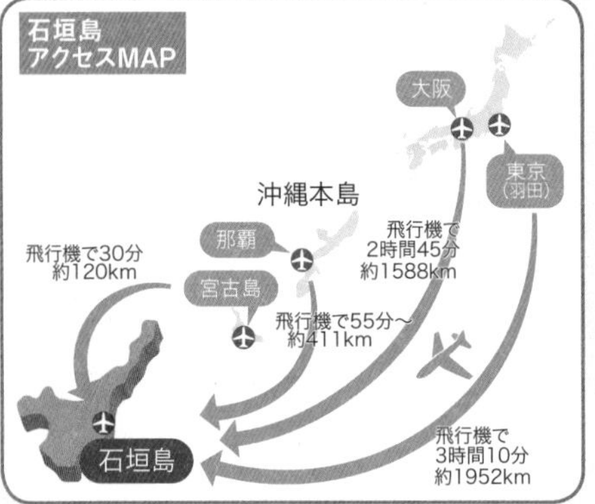

西部(せいぶ) 1

市街地から車で30～40分のエリア。川平湾、御神崎などの風光明媚なスポットがある。

ここをチェック

御神崎☞P25
川平湾☞P26
底地海水浴場☞P28

石垣郊外(いしがきこうがい) 2

石垣市街中心部から車で10～20分のエリア。南国スイーツ店など穴場的なスポットも。

ここをチェック

フサキビーチ☞P29
石垣島ミルミル本舗☞P44
宮良農園☞P44・49

西部 1
平離島
底地海水浴場
御神崎
崎枝湾
川平
名蔵湾
西表島・鳩間島・与那国島へ
石垣郊外 2
フサキビーチ
観音崎
コンドイ浜
竹富東港
竹富島
小浜島・西表島
黒島・波照間島

島でのアクセス早見表

◎…おすすめ ○…便利
△…まあまあ ×…不便

	徒歩	レンタサイクル	レンタバイク	タクシー	バス	レンタカー
石垣島周遊	×	×	○	○	△	◎
石垣市街	◎	△	○	◎	×	○
料金	無料	3時間 550円～ 1日 1100円～	3時間 2000円～ 1日 3000円～	500円～	1区間 150円～	1日 6600円～

※時間・運賃は目安です

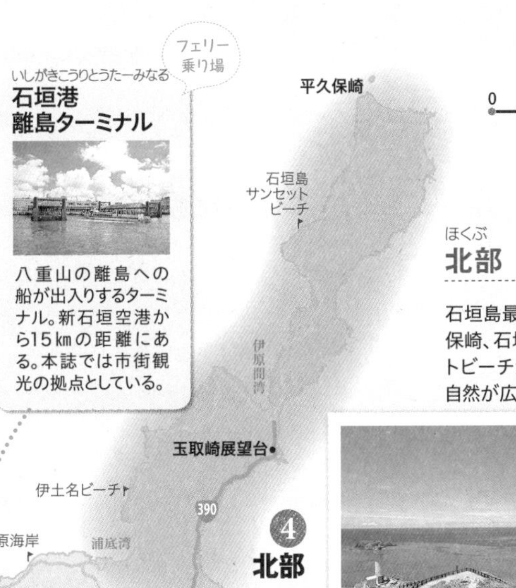

いしがきこうりとうたーみなる
石垣港離島ターミナル

八重山の離島への船が出入りするターミナル。新石垣空港から15㎞の距離にある。本誌では市街観光の拠点としている。

ほくぶ
北部 4

石垣島最北端の平久保崎、石垣島サンセットビーチがメイン。大自然が広がる。

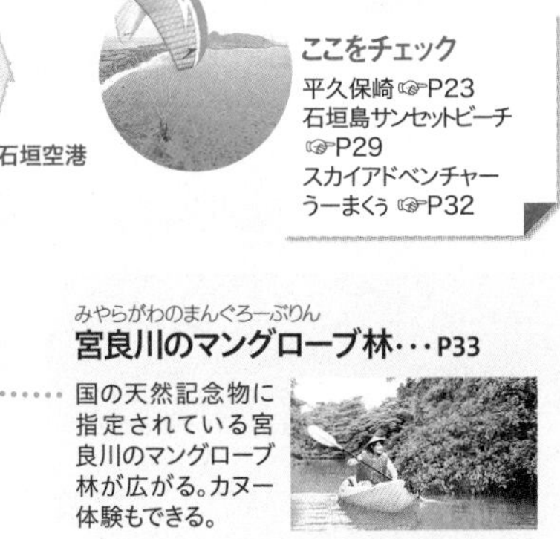

ここをチェック
平久保崎 ☞P23
石垣島サンセットビーチ ☞P29
スカイアドベンチャーうーまくぅ ☞P32

みやらがわのまんぐろーぶりん
宮良川のマングローブ林・・・P33

国の天然記念物に指定されている宮良川のマングローブ林が広がる。カヌー体験もできる。

3 石垣市街

いしがきしがい
石垣市街 3

繁華街のある石垣島の中心部。飲食店やみやげ店、宿泊施設などの多くがここに集まる。八重山諸島への玄関口、離島ターミナルもここにある。

ここをチェック
島ごはん ☞P36
民謡酒場 ☞P46
ユーグレナモール ☞P57

石垣島DATA

- 沖縄県石垣市
- 面積 222.24㎢
- 島の周囲 約139.2㎞

新石垣空港から主要地への距離

	新石垣空港から
石垣港離島ターミナル	約15㎞
御神崎（うがんざき）	約30㎞
玉取崎展望台（たまとりざきてんぼうだい）	約17㎞
川平湾（かびらわん）	約22㎞
平久保崎（ひらくぼざき）	約33㎞

周遊アドバイス

一番便利なのはレンタカーです

石垣島は、一周するのに、車でも約3時間はかかります。市街の北側に標高526mの於茂登岳（おもとだけ）があるなど、起伏が激しいので、徒歩やレンタサイクルは適しません。路線バスも本数が少ないので、レンタカーで上手に回りましょう。天気が良く、荷物が少ない場合は、レンタバイクも。

市街の歩き方

徒歩かタクシーが便利です

石垣市街は一方通行や細い道が多く、駐車場のない店舗も多いため、駐車場を気にしなくていい徒歩かタクシーがおすすめです。路上駐車はNG。レンタカーの場合は近くの有料駐車場に駐車してから歩きましょう。市街地は特に駐車違反の取り締まりが厳しいです。

石垣島の海辺をクルマでぐるり 癒やしの絶景がたくさんあります

所要時間 8時間

島の外周には、絶景スポットが点在しています。
青い海と青い空、思わず息をのむ景色に会いに行きましょう。

START!
石垣港離島ターミナル AM 8:00

約29km

1 玉取崎展望台 AM 9:00

たまとりざきてんぼうだい

花と緑の丘からのパノラマビュー

小高い丘の上にある、島内随一のビュースポット。小道を上がると、ハイビスカスの花に囲まれた展望台があり、眼下にサンゴ礁の海が広がっている。

☎0980-83-8439（石垣市シルバー人材センター）住石垣市伊原間 ¥無料 営休見学自由 交新石垣空港から17km P約25台 MAP折込裏E4

◀展望台の東屋は吹き抜ける風が心地よい ▲展望台は赤レンガの屋根が目印

約5.3km

▲石垣島産フルーツ全部のせパンケーキ2500円、スムージー750円

2 石垣マーケット AM 10:00

いしがきまーけっと

島産フルーツを贅沢に味わえる

島産フルーツを使ったメニューが充実。旬には生果で、オフシーズンには特殊な冷凍技術で美味しさをキープして提供する。

☎0980-84-5007 住石垣市伊原間231-12 営10～17時LO（食事メニューは11～16時LO）休月曜（祝日の場合は翌日に振替。冬期休業あり）交新石垣空港から20km P40台 MAP折込裏E3

店は高台にあるため、店内やテラスから海を一望できる。屋上にはフォトスポットも用意

約11km

ドライブのひと休みに自家製のフルーツジュースを

米原ヤエヤマヤシ群落前にある**ばば屋**。サトウキビとフルーツを使った100％天然ジュースはテイクアウトにぴったりです。サトウキビのミックスジュース500円～。
☎0980-88-2583 MAP折込表C5

3 平久保崎（ひらくぼざき） AM11:00

水平線を見晴らす景勝地

牧草地帯の先端に、白亜の灯台が立つ。エメラルドグリーンの近海とコバルトブルーの遠海が織りなす風景に思わずうっとり。

☎0980-83-8439（石垣市シルバー人材センター） 住石垣市平久保 ¥無料 ◷休見学自由 交新石垣空港から33km P約10台 MAP折込裏F1

▲サンゴ礁の美しいグラデーションに見とれる ▶晴天時には、遠く多良間島まで一望できる

約30km

4 米原のヤエヤマヤシ群落（よねはらのやえやまやしぐんらく） PM0:00

天然記念物の自生ヤシ

世界でも石垣島と西表島の一部にだけ分布するヤエヤマヤシ。その最大群生地がここ。駐車場から3分ほど歩くと、群落が出現する。

☎0980-83-7269（石垣市教育委員会文化財課） 住石垣市米原 ¥無料 ◷休見学自由 交新石垣空港から16km P約20台 MAP折込裏C5

❶国の天然記念物に指定されている ❷樹高はなんと20m以上！ ❸亜熱帯のジャングルを探検している気分に

P24へ

島の人たちは車の運転もマイペース。島内の道路は時速50km以下に制限されているので、のんびりと風景を楽しみながらドライブしましょう。

約1.5km
P23から

5 米原海岸(よねはらかいがん) PM0:30

サンゴ礁が近いブルーの海

波打ち際の近くにサンゴ礁があるので、海水浴はもちろんシュノーケリングも楽しめる。ただし沖合は潮の流れに注意が必要。 DATA☞P28

▲売店は夏場のみ営業している

約2.3km

▲赤瓦越しに見る青い海が美しい。潮の干満によって海の色が変わる

6 carib café(かりぶ かふぇ) PM1:30

眼下に海を眺めながらランチを

人気の海カフェで本格的な洋食と絶景を満喫できる。テラス席(利用はドリンクとデザートのみ。修繕中)からは海を見渡せる。

DATA☞P43

▲タコライス1050円

約7km

約9km

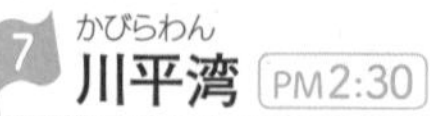

7 川平湾(かびらわん) PM2:30

七色に変化する美(ちゅ)ら海(うみ)

石垣島へ来たら必ず訪れたい絶景ポイント。カビラブルーとよばれる神秘的な海は、時間によって色が変化する。隣接する公園には展望台がある。

DATA☞P26

◀白い砂浜と澄んだブルーのコントラストが美しい ▼高台にある公園からの見晴らしが見事

島人に人気の
夕景スポット
海に沈む夕日を
眺めよう

名蔵湾は干潟の先に穏やかな海が広がる夕日の名スポット。マングローブの木々が発達し、さまざまな水辺の生き物に出会える。

☎なし MAP折込裏B6

8 御神崎（うがんざき） PM4:00

波音が響く夕日の名所

島の西側にある景勝地。岸壁の上にそびえる灯台と穏やかな海の眺めは、まるで一枚の絵のよう。晴天時は夕景を狙って訪れるのがおすすめ。

☎0980-83-8439（石垣市シルバー人材センター） 住石垣市崎枝 ¥無料 ⓒ休見学自由 交新石垣空港から30km P20台 MAP折込裏A5

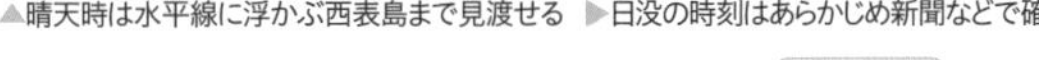
▲晴天時は水平線に浮かぶ西表島まで見渡せる ▶日没の時刻はあらかじめ新聞などで確認を

9 バンナ公園（エメラルドの海を見る展望台）（ばんなこうえん（えめらるどのうみをみるてんぼうだい）） PM5:00

感動的な眺望と星空が待つ

バンナ岳の山頂付近にある展望台。昼間はその名の通り、青い海と竹富島を見渡せる。夜は南側に市街地の夜景を、北側に星空を望める。

☎0980-82-6993（バンナ公園管理事務所） 住石垣市石垣961-15 ¥ⓒ休散策自由（展望台は散策自由、ほか有料施設あり） 交新石垣空港から12.3km P10台 MAP折込裏C7

◀昼間は市街地から竹富島までの遠望が見事 ▲夜間はタクシーの利用がおすすめ

八重山諸島を代表する景勝地 島内一の絶景・川平(かびら)ブルーに合いましょう

海外の旅行ガイドで最高ランクの三つ星を獲得した川平湾。
一日いても飽き足りない、とっておきの絶景の楽しみ方、教えます。

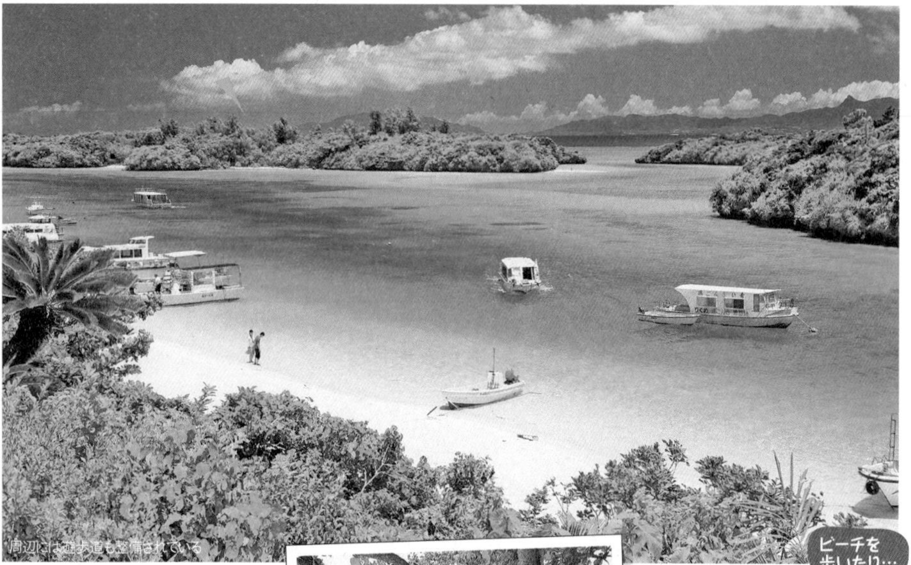

周辺には遊歩道も整備されている

川平湾（かびらわん）

大小さまざまな島が浮かぶ美しい入江。その澄みきったブルーの海は他に類がなく、川平ブルーとよばれている。一日に何度も色を変え、訪れるたびに多彩な表情が見られるのも特徴。遊泳は禁止なので、周辺の散策を楽しもう。

☎なし 住石垣市川平934 ⏲見学自由 交新石垣空港から22㎞ P100台（有料） MAP折込裏・川平湾

おすすめTime

7色に変化する川平湾。特に澄んだ色になるのは満潮時。時間は変わるので石垣市観光交流協会ウェブサイトの潮位表をチェック。
http://www.yaeyama.or.jp/

ブランコに乗ったり…

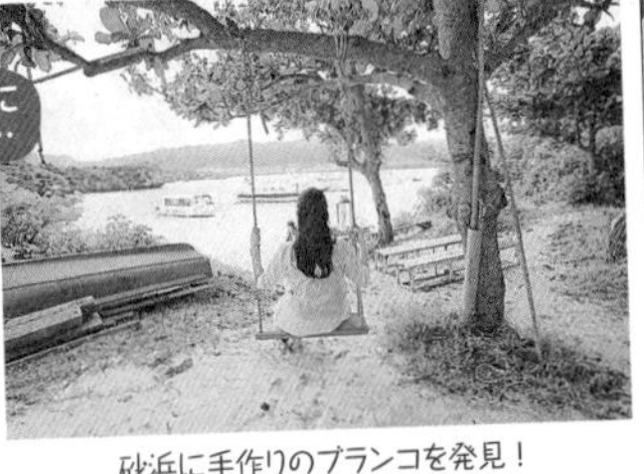

砂浜に手作りのブランコを発見！ ちょっと乙女な気分です。

ビーチを歩いたり…

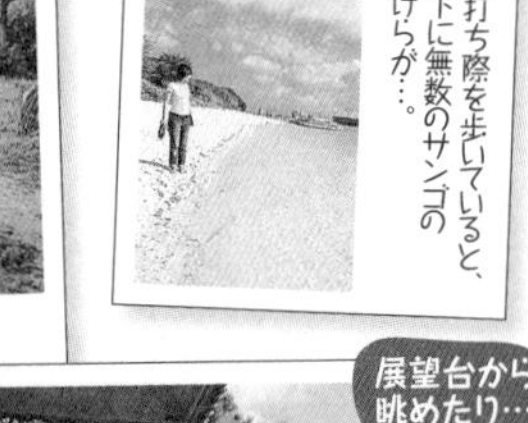

波打ち際を歩いていると、足下に無数のサンゴのかけらが…。

写真を撮ったり…

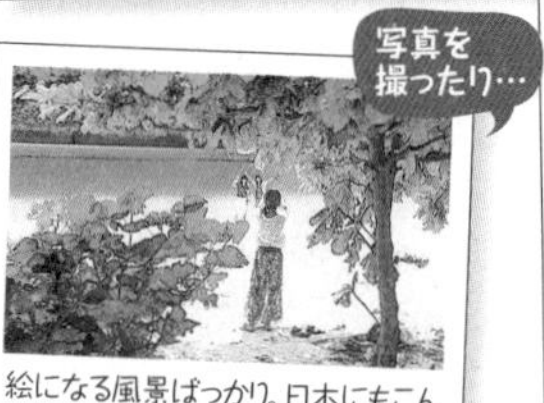

絵になる風景ばっかり。日本にもこんなきれいな海があるんだね。

展望台から眺めたり…

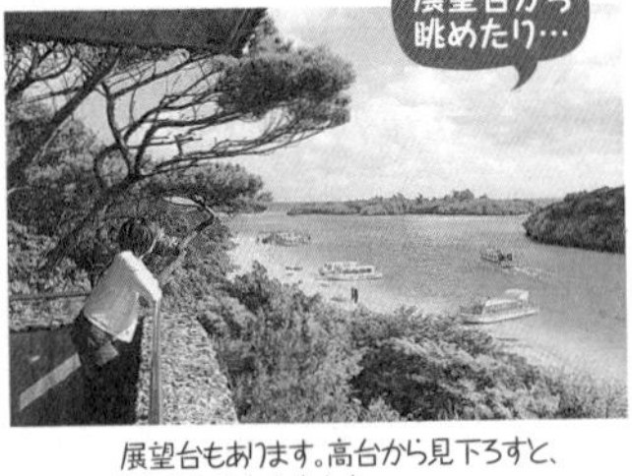

展望台もあります。高台から見下ろすと、より青さが際立ちます。

川平湾そばの老舗酒造で泡盛造りを見学

川平湾から徒歩3分のところにある**髙嶺酒造所**では、昔ながらの泡盛造りが見学できます（無料、予約不要）。泡盛の試飲・販売コーナーも設置。

☎0980-88-2201 MAP折込裏・川平湾

こんな楽しみ方もあります

グラスボートで海中散歩気分♪

かびらまりんさーびす

川平マリンサービス

船底がガラス張りになっていて、海中を覗きながら川平湾をひと巡りするグラスボート。約260種類もの熱帯魚やサンゴが見られる。所要約30分。

☎0980-88-2335 住石垣市川平911 ¥乗船1300円 ⏲9～17時 休無休（荒天時は欠航あり）交新石垣空港から22km P共同駐車場利用25台 MAP折込裏・川平湾

おすすめTime
魚が多く、見えやすいのは満潮時。その日の満潮時間は窓口などで確認しよう。10～3月は団体客が多いので予約がベター。

▶船長さんが魚やサンゴの名前を教えてくれる

▲海底を覆うサンゴは圧巻

▼船内から船底を見るので、着替えなどは不要

こんな熱帯魚やサンゴが見られます！

テーブルサンゴ
テーブルのように平らな円形をしたサンゴ。折り重なるように密生している

ユビエダサンゴ
指のような突起が無数に集まっている。熱帯魚の格好の隠れ場所

クマノミ
オレンジと白の模様が特徴。映画に登場するキャラクターのモチーフになった

キンギョハナダイ
金魚に似た熱帯魚。生まれたときはすべてメスだが、成長するとオスに性転換する

アオブダイ
前頭部がコブのように突き出ている。成魚になると最大90cmほどにもなる

川平湾を眺めながらティータイム

あーるず かふぇ

R's Cafe

琉球真珠に併設されたカフェ。川平湾のすぐ前にテラス席があり、澄んだ海を見ながら喫茶ができる。石垣島ジェラート800円など。

☎0980-88-2288（琉球真珠内）住石垣市川平934 ⏲10時～15時30分LO 休無休 交新石垣空港から22km P15台 MAP折込裏・川平湾

◀テラス席は絶好のロケーションだ

展望台そばで名物ソーキランチ

かびらこうえんちゃや

川平公園茶屋

創業40余年を数える老舗。八重山の家庭料理が評判で、とろとろソーキがのったソーキそば1000円や、ゴーヤちゃんぷる、ふ・ちゃんぷる各900円が人気。

☎0980-88-2210 住石垣市川平934-37 ⏲10～16時 休木曜 交新石垣空港から22km P10台 MAP折込裏・川平湾

◀ソーキそばは、昔ながらのやさしい味

ランチを食べておみやげ探し

しまのえき かびらがーでん

島の駅 カビラガーデン

多彩な島みやげが揃うショップに、島料理などを味わえるレストランを併設。他では珍しい冷やし八重山そば1000円もある。

☎0980-88-2440 住石垣市川平917-1 ⏲11～14時LO（ショップは9時30分～17時）休不定休 交新石垣空港から22km P有料駐車場あり MAP折込裏・川平湾

◀刺身などが付く八重山そば定食1500円

一見穏やかに見える川平湾ですが、潮の流れが速いポイントとして知られています。遊泳は禁止されているのでご注意を。

せっかくの南国ですもの 極楽ビーチで癒やしのバカンス

澄み切った青い海、太陽にきらめく砂浜……。天国のような光景の中、泳いでみましょう。眺めているだけで幸せな気持ちになっちゃいます。

1 米原海岸（よねはらかいがん）

サンゴの浜が広がる 自然のままの海岸線

緑に囲まれた米原キャンプ場のそばに広がる。サンゴ礁が近いためシュノーケリング（器材レンタル有料）にも最適。潮の流れが速い箇所があるので注意。遊泳期間は決まっていないが4～9月がベスト。

米原海岸DATA

☎なし 住石垣市米原 ⏰入場自由 交新石垣空港から16㎞ P8台 MAP折込裏C5

シャワー○ トイレ○ 更衣室✕ 売店○ ネット✕

ビーチへ行く前に

石垣島周辺は潮流が速く、時折リーフカレント（外海への強い流れ）が発生します。充分に気をつけましょう。

遠浅の海が続いていますが、サンゴ礁が途切れると急に深くなる箇所もあるので注意しましょう。

6～9月は、ハブクラゲという猛毒をもつクラゲが多く発生する時期なので、注意が必要です。クラゲ防止ネットのあるビーチでは、そのネット内で泳ぐようにしましょう。

2 底地海水浴場（すくじかいすいよくじょう）

遠浅の穏やかな海 心地よい木陰もうれしい

波が穏やかで子供連れに人気のスポット。干潮時は泳ぎにくくなるため、ビーチの袖に続くモクマオウの木陰でのんびりお昼寝もいい。サンセットビューも楽しめる。遊泳期間は3月16日～9月。

底地海水浴場DATA

☎080-8375-7383（Value Creation）住石垣市川平185-1 ⏰9～18時（7、8月は～19時）交新石垣空港から26㎞ P200台 MAP折込裏B5

シャワー○ トイレ○ 更衣室○ 売店✕ ネット○

シャワー シャワーの有無 トイレ トイレの有無 更衣室 更衣室の有無 売店 売店の有無 ネット クラゲ防護ネットの有無

平久保崎
石垣島サンセットビーチ
山当山
安良岳
久宇良岳
明石海岸
206
はんな岳
野底岳
玉取崎展望台
79
390
ゥラ岳
カーラ岳
新石垣空港

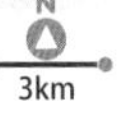

自分だけのお気に入り穴場ビーチ探し

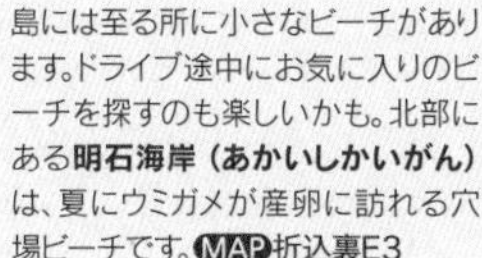

島には至る所に小さなビーチがあります。ドライブ途中にお気に入りのビーチを探すのも楽しいかも。北部にある**明石海岸（あかいしかいがん）**は、夏にウミガメが産卵に訪れる穴場ビーチです。MAP折込裏E3

3 石垣島サンセットビーチ

いしがきじま さんせっとびーち

久宇良集落（くうらしゅうらく）にあるプライベート感たっぷりのビーチ。バナナボートやシュノーケリング器具のレンタル（有料）もある。シャワーなどの施設使用料1日500円。遊泳期間は5月1日～10月15日。

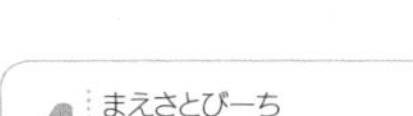

石垣島サンセットビーチDATA

☎0980-89-2234 住石垣市平久保234-323 ⏰9時30分～17時最終受付 交新石垣空港から27km P有料駐車場利用30台 MAP折込裏E2

シャワー○ トイレ○ 更衣室○ 売店✕ ネット○

4 マエサトビーチ

まえさとびーち

ANAインターコンチネンタル石垣リゾートが管理するビーチだが、ホテル宿泊者以外も利用OK。広々とした砂浜が美しく、マリンレジャーの器具やパラソルのレンタル（有料）もある。遊泳期間は通年。

島内トップクラスのマリンリゾートにうっとり

マエサトビーチDATA

☎0980-88-7111（ANAインターコンチネンタル石垣リゾート）住石垣市真栄里354-1 ⏰9～18時（季節により変動あり）交新石垣空港から12km P456台 MAP折込裏C8

シャワー○ トイレ○ 更衣室○ 売店○ ネット○

マリンレジャー充実の大人の遊び場

5 フサキビーチ

ふさきびーち

フサキビーチリゾートに面したビーチ。マリンレジャーが盛んで、ドラゴンボートやシュノーケリング器具のレンタル（有料）などが可能。島の西部にあるので、夕日の名所としても有名。遊泳期間は通年。

フサキビーチDATA

☎0980-88-7297（フサキビーチリゾート ビーチ直通）住石垣市新川1625 ⏰9時～17時30分（季節により変動あり）交新石垣空港から19km P299台 MAP折込裏B7

シャワー○ トイレ○ 更衣室○ 売店○ ネット○

ビーチに行くときは、サンダルよりも島ぞうりがおすすめ。すべりにくくて歩きやすいんです。おみやげ屋さんなどで売っています。

体験ダイビングで海中の楽園へ 憧れのマンタにも出会えます

世界屈指のダイビングスポットとして知られる石垣島の海。
一面に広がるサンゴの森、熱帯魚の群遊、マンタとの大接近だってあるんです。

マンタってどんな生き物？

全長4～6mの世界最大のエイで、海の中で翼を羽ばたかせるように泳ぐのが特徴。巨大な体をしているけれど、性格はおとなしい。

マンタを見るには……

マンタポイントへ行けるのは1日体験ダイビングコース<2ダイブ＋シュノーケリング>のみ。当日の天候によりダイブポイントが変更になることもあるので注意

マンタポイントはここです！

マンタが現れるのは川平石崎。石垣港から名蔵湾を経由して向かう

行程表 ※追加ダイブあり

9:00	10:00	11:00	12:00	13:00	16:00頃
出港・講習	シュノーケル	ダイビング	船上で昼食	ダイビングorシュノーケリング	帰港

所要約7時間

このツアーに参加しました

1日体験ダイビング（1ダイブ）＋シュノーケリング

- ●料金　1万6500円（追加ダイブ＋5500円）
- ●所要時間　約7時間
- ●予約　前日までに要予約
- ●1人参加　可

しーふれんず
シーフレンズ

石垣の海を知り尽くしたダイバーがエスコート。初心者から上級者まで幅広いニーズに対応。ファンダイビングのツアーも催行。

☎0980-82-0863 住石垣市石垣346 ⏰8～18時 休無休 交離島ターミナルから2㎞ P4台 MAP折込裏・石垣タウン右下

マンタだけじゃありません！

八重山の海を泳ぐ熱帯魚など

ウミガメ

浅瀬の岩場などで優雅に遊泳。海の中ではとってもスピーディー

カクレクマノミ

オレンジ色の体がひときわ目立つ。イソギンチャクのそばに注目

クロソラスズメダイ

浅瀬のサンゴ礁でよく見られる。クリッとした目玉がチャーミング

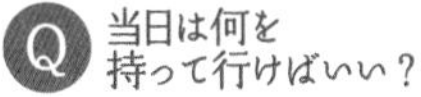
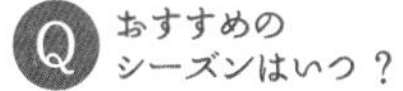
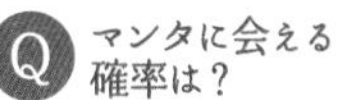

事前にcheck! 体験ダイビングQ＆A

Q 当日は何を持って行けばいい？

A バスタオル、着替え、寒いときに羽織るウィンドブレーカー、酔い止めの薬など。水着は当日、服の下に着て行きましょう。

Q おすすめのシーズンはいつ？

A 基本的に年中楽しめますが、マンタを見たいなら4～11月。台風などを除けば、波の穏やかな日が多いです。

Q 事前に注意しておくことは？

A 船酔いに備えて酔い止めの薬を用意しておきましょう。また何度も海に入るので、日焼け止めを持参するのがおすすめ。

Q マンタに会える確率は？

A マンタポイントに行ける確率が夏は7～8割、冬は3～4割。さらにダイビング中にマンタと遭遇する確率は7～8割です。

一日の流れはこんな感じです

石垣港で乗船（各ホテルから港へ送迎あり）。大きめのダイビング専用船だから揺れも少なめです。

❶講習

船上で器材の使い方や耳抜きの方法などをレクチャー。インストラクターが丁寧に教えてくれます。

❷シュノーケリング

まずはシュノーケルをつけて浅瀬の海へ。透明度が高いのでサンゴ礁もバッチリ見えます。

❸ファーストダイビング

いよいよタンクを背負ってダイビング。こちらも浅瀬で行うので初心者も安心。熱帯魚の群れが目の前に！

❹Lunch!

船の上でのんびりランチ。お弁当は用意してくれます。元気な人は腹ごなしにシュノーケリングを。

❺セカンドダイビング

希望者は、マンタのポイントで、追加ダイブもできます。それ以外の場合は、シュノーケリングでマンタのポイントに近づくことができます。

ネッタイスズメダイ

黄金色に輝く小さな魚。少数の群れで棒状サンゴのまわりを周遊

ミスジリュウキュウスズメダイ

シマウマのような模様が特徴。砂底を泳いでいることが多い

すぐ近くにクマノミが！

ダイビング体験SPOT

いしがきじまぶるーだいぶ
石垣島ブルーダイブ

●料金…体験ダイビング1日コース1ダイブ1万3000円など
☎0980-88-0056 住石垣市石垣524-44 ⏰受付8～22時 休不定休 交離島ターミナルから集合場所まで2km（市街地宿泊先への送迎あり）P3台 MAP折込裏・石垣南部左上

うみのきょうしつ
うみの教室

●料金…体験ダイビング1万1000円、プレミアムマンタコース2万4750円
☎0980-89-2191 住石垣市伊原間4-96 ⏰8～18時 休無休 交新石垣空港から19km P10台 MAP折込裏E4

いしがきじまだいびんぐしょっぷ えーびーしーだいぶ
石垣島ダイビングショップ ABCdive

●料金…幻の島上陸＆体験ダイビングボートツアー（半日）9800円～など
☎0980-83-2980 住石垣市新川2224-35 ⏰7時30分～22時 休不定休 交離島ターミナルから3km P8台 MAP折込裏・石垣島南部左上

いえろーさぶまりんだいぶすたじお
イエローサブマリンダイブスタジオ

●料金…半日体験ダイビング1万3000円、半日シュノーケル7500円など
☎0980-89-2240 住石垣市伊原間2-390 ⏰7～22時 休無休 交新石垣空港から17km P10台 MAP折込裏E4

おーしゃんずいしがきじま
オーシャンズ石垣島

●料金…半日体験ダイビングコース9800円～など
☎0980-86-8008 住石垣市宮良1025-1 ⏰受付8～22時 休不定休 交離島ターミナルから集合場所まで1.3km（市街地宿泊先への送迎あり）P10台 MAP折込裏・石垣南部左上

ダイビングは海の状況に左右されることが多いもの。絶対にマンタに会いたいという人は、2～3日間の日程を押さえておくのがベターです。

空、海、密林に囲まれて 石垣島で感動の島遊び

石垣島の大自然を体感したいなら、アウトドアアクティビティははずせません。大空やサンゴ礁の海、マングローブ林での心躍る体験が待っています。

空中散歩が楽しめるパラグライダー

地上から飛び立つので安心

空を飛ぶ

サンゴ礁を眺めながらの空中遊泳

パラグライダー体験

ショップ名の「うーまくぅ」とは、石垣島の言葉でやんちゃ坊主の意味。インストラクターと2人乗りのパラグライダーを体験できる。連なる山々ときらめくサンゴ礁の海を空から見下ろす雄大な景色は、この体験ならでは。

体験前にCheck!

●所要：約40分 ※要予約、その際にフライト時間を決定 ●料金：パラグライダー体験飛行1万2000円(器材レンタル、施設使用料含む) ●参加人数：1名～ ●持ち物：普段着(スカートは不可)、日焼け止め、カメラ、酔い止め薬など

北部 すかいあどべんちゃーうーまくぅ

スカイアドベンチャーうーまくぅ

☎080-1076-5844 住石垣市伊原間249-42 明石パラワールド(集合場所) ※天候によりフライトポイントの変更あり 🕒9時30分～16時 休不定休 交新石垣空港から25km P6台(明石パラワールド内) MAP折込裏E3(集合場所)

亜熱帯の河口部をカヌーで進む

川で探検

カヌー＆ジャングル探検

宮良川の河口部からカヌーを漕いでマングローブの森へ行く。マングローブの森ではカヌーを降りて上陸し、生き物を観察する。

体験前にCheck!

●所要：約3時間 ●料金：カヌー＆ジャングル探検6500円 ●参加人数：2名～ ●持ち物：濡れてもいい服装、着替え、タオル

▲コースの途中には洞窟がある

東部 ふぃーるどねいちゃーいしがきじま

フィールドネイチャー石垣島

☎0980-86-7150 住石垣市宮良 🕒8～21時 休不定休 交離島ターミナルから7km P2台 MAP折込裏D7

ホタルスポットと星空保護地区へ行くツアー

エコツアー りんぱなでは、石垣島の夜を楽しむホタルツアー5000円（1名～参加可能）を開催。満天の星空や季節限定でホタルの群舞など幻想的な光景が楽しめます。☎090-8126-3209 MAP折込裏D5

伝統的な木造帆船で海上を進む

サバニライド+シュノーケリング

◀サバニの下にはサンゴ礁の風景が

沖縄に昔から伝わる木造帆船・サバニに乗るツアー。ガイドと共に漕ぎ進み、島北部の海を散策。サンゴ礁の美しいポイントでシュノーケルを楽しむことができる。

北部

よしださばにぞうせん
吉田サバニ造船

☎090-6869-2395 住石垣市平久保234-243 ⏰9時～日没 休不定休 交離島ターミナルから41km P5台 MAP折込裏E2

●所要：約2時間※要予約 ●料金：サバニライド+シュノーケル9000円
●参加人数：1名～ 持ち物：濡れてもいい服装、帽子、日焼止めなど

カラフルなサンゴと熱帯魚にご対面　海に潜る

シュノーケリング

360種類のサンゴが生息するといわれる石垣島の海で、カラフルな熱帯魚たちを間近に見ながら海中散策を楽しめる。体験ダイビングも実施している。

●所要：約7時間 ※要予約 ●料金：1DAYコース1万4300円 ●参加人数：1名～(器材、ドリンク、昼食代含む)
●持ち物：水着、タオル、日焼け止めなど

◀簡単な装備で楽しめるのがうれしい

石垣市街

ねお まりん いしがきじま
NEO MARINE 石垣島

☎0980-82-8223 住石垣市登野城398-2 ⏰7～23時(受付) 休無休 交離島ターミナルから1km P10台 MAP折込裏・石垣島南部中央

馬と泳ぐ

ヨナグニウマと海で遊ぼう

乗馬体験

ヨナグニウマは小柄で大人しく、扱いやすいのが特徴。もちろんツアーでは、スタッフが丁寧にサポートしてくれるので初心者でも安心して参加できる。

北部

いしがきじまうまひろば
石垣島馬広場

☎080-6485-5979 住石垣市平久保平久保355 ⏰10～17時 休無休 交離島ターミナルから45km Pスペースあり MAP折込裏F2

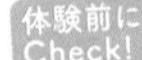

●所要：約2時間（体験時間約40分） ●料金：うみうま遊び1万2000円
●参加人数：1名～ ●持ち物：動きやすい格好で

宮良川沿いに広がっているマングローブ林

「宮良川のマングローブ林」は、河口から上流の両側約1.5㎞にわたって群生。国の天然記念物に指定され、オヒルギ、メヒルギ、ヤエヤマヒルギなどの種類が見られます。☎0980-83-7269（石垣市教育委員会文化財課）住石垣市宮良橋 ⏰見学自由 交新石垣空港から8㎞ P3台 MAP折込裏D7

シュノーケルは、コツを覚えるのにだいたい半日かかるので、初心者なら1DAY体験がおすすめです。

八重山みんさー織り・藍染めの美しさは職人の手仕事から生まれます

八重山伝統の工芸品である、八重山みんさー織りと八重山藍染め。
おみやげにも最適ですが、職人さんに教えてもらって製作体験するのもおすすめです。

みんさー織りの語源
みんさー織りの名前は「綿狭(めんさ)」から付いたともいわれています。「綿で織る幅の狭い帯」という意味です。

八重山みんさー織り（やえやまみんさーおり）

長く続いてきた伝統の手織物

古くから石垣島・竹富島で織られてきた綿織物。一番の特徴は独特の絣模様（かすりもよう）。四角5つと四角4つの2種類あり、「いつ(五つ)の世(四)までも末永く」という思いが込められている。元々は女性が織って男性に贈ったことから始まっており、生地が硬くしっかりしている。

テディベア
2万350円
首元のみんさー織りリボンがアクセント

タウンバッグ
1万3530円
収納力抜群でお出かけに便利

小銭入れハート　各2640円
金具がハート型でキュート

【八重山みんさー織りができるまで】

商品は、約30もの工程を経て、約150名以上の職人さんの手を介し、完成します。過程を要約すると、こんな感じです。

染色（せんしょく）
経(たて)糸や緯(よこ)糸を種類別に染色。島の自然素材と化学染料を使用。

整経（せいけい）
糸をボビンに巻く糸繰りの後、布を織るのに必要な長さに糸を揃える。

糊張り・絣括り（のりはり・かすりくくり）
糸に糊をつけて伸ばした後、絣模様になる、色がつかない部分をくくる。

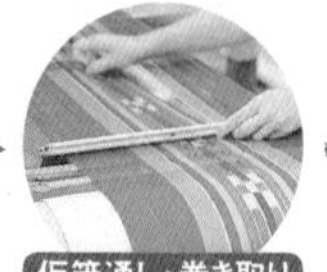

仮筬通し・巻き取り（かりすどおし・まきとり）
デザインされた図案を元に、必要な経糸を1本ずつ並べていく。

製織（せいしょく）
並べ終えた経糸を織り機にセットし、杼(ひ)という道具で緯糸を織り込む。

八重山みんさー織りを作ってみましょう

▲キレイに織るコツを丁寧に教えてくれる

織り機で実際に手織り体験ができる。コースター、テーブルセンターなどがあり、大きさによって所要時間、料金が異なる。色は複数用意されている。

●体験名：手織り体験コース A コースター
●所要時間：20〜30分
●料金：1500円
●参加人数：1名〜予約優先　※作品は後日受取(発送可)

石垣市街

あざみ屋 みんさー工芸館（あざみや みんさーこうげいかん）

製作体験、おみやげ購入もここでOK

八重山みんさー織りの織元で、製造・販売を行う。資料室(見学無料)、カフェを併設。

☎0980-82-3473 住石垣市登野城909 ⏰9〜18時 休無休 交離島ターミナルから1.8km P20台 MAP折込裏・石垣島南部中央

オリジナルのシーサーを自分の守り神に

川平焼 凜火(りんか)ではシーサー作り(2000円、参加1名~)が体験できます。石垣島の粘土で作るシーサーを魔除けに飾ってみては。完成品は約2カ月後に郵送(送料別)で。
☎0980-88-2117 MAP折込裏C5

やえやまあいぞめ
八重山藍染め

伝統×モダンから生まれる優しい風合い

石垣島が生育地北限の「ナンバンコマツナギ」という木を原料に、藍で染める八重山藍染め。古くから八重山諸島で行われていた手法で、昔は八重山みんさー織りにもこの八重山藍染めの糸が使われていたという。自然素材で染めているので色が優しく、使い込むほどに味が出る。

ピクニックトート
1万3200円
マチ付きでたっぷり収納できる。ポケットは2か所

リネンストール
9900円
15回ほどに分けて染めた、美しい藍色のグラデーション

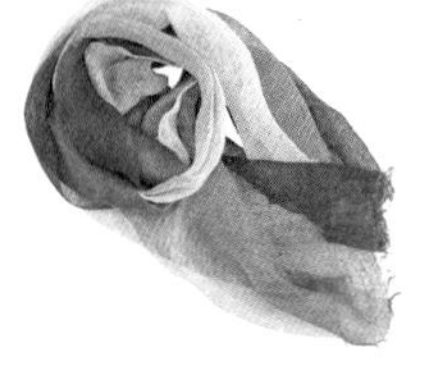

藍色のヒミツ
藍は生き物のように気温や天候に左右されるのだとか。藍染めに適した石垣島の暖かな気候が、キレイな深いブルーを生み出すのです。

【八重山藍染めができるまで】

藍の元になる植物を育てることから始め、ほぼすべての行程を手作業で行っています。藍の様子を見ながら進める、デリケートな作業をご紹介します。

手摘み てづみ
農薬を使わず育てた「ナンバンコマツナギ」を収穫。水につけて発酵させる。

撹拌 かくはん
自然発酵させ、藍の成分が出た液体に、消石灰を入れてかき混ぜる。

濾過 ろか
撹拌後、沈殿したものをこすと、染料の元になる泥藍(どろあい)になる。

藍立て・染め あいだて・そめ
泥藍に木灰汁やハチミツなどを入れ、かき混ぜる。3~4日で染液が完成。

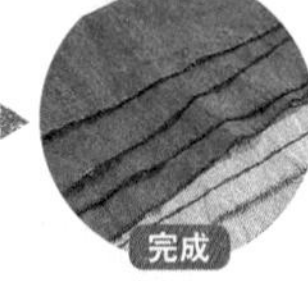

完成 かんせい
染めて乾かして、という行程を繰り返して藍染め布のできあがり。

藍染めアクセサリーの製作体験

八重山藍で染めた麻紐を編んで、ブレスレットやピアスなどを作るワークショップを開催。完成品は当日持ち帰り可。

◀結び目を作りながら編み上げた麻紐に、金具を装着する

●**体験名**:島藍アクセサリー作りワークショップ
●**所要時間**:約1時間
●**料金**:2200円~(製作物によって変動あり)
●**参加人数**:1名~(定員2名) 前日までに要予約。開催は不定期なので、店のSNSで確認を

石垣市街
しまあい
shimaai

製作体験はここでできる

ユーグレナモールの中にある工房兼ショップ。バッグ、アクセサリー、Tシャツなどのアイテムを購入できる。
☎0980-87-5580 住石垣市大川203 営予約時に要確認 休不定休 交離島ターミナルから650m Pなし MAP折込裏・石垣タウン中央

市街を歩くときは、歩道のタイルに注目。八重山みんさー織りの絣(かすり)柄になっていることがあります。

島食材＋島食堂＝島ごはん 素朴であったか石垣グルメ

地元の食堂で楽しめる、石垣島ならではの料理。
家庭料理から創作料理まで、名物グルメが味わえます。

ここで食べられます Ⓐ

プリプリ食感がやみつき

ウムズナーのニンニク炒め
1000円
ウムズナーとはイイダコのこと。石垣ではおなじみの郷土料理

ここで食べられます Ⓐ

お酒のおともにぴったり

アダンの芽天ぷら
980円
チャンプルーとはひと味違って、ホクホクした食感になる

ここで食べられます Ⓑ

島の王道チャンプルー

豆腐チャンプルー
700円
地元の島豆腐をしょうゆベースのタレで炒めた定番の味

ここで食べられます Ⓐ

コリコリとした歯ごたえ

アダンの芽チャンプルー
980円
海辺に自生するアダンの芽。タケノコに似た食感で、クセのない味

ここで食べられます Ⓐ

ヘルシーな美容食です

オオタニワタリの天ぷら
900円
ゼンマイに似たご当地食材。和え物にしてもおいしいとのこと

ここで食べられます Ⓒ

島の恵みが大集合！

ばんちゃん御膳
2500円
ふわふわのだし巻き卵などの選べる主菜2品、総菜3品、デザートなど

ここで食べられます

石垣市街

Ⓐ島料理居酒屋 あだん.亭（しまりょうりいざかや あだん.てい）

島ならではの山菜や地魚などの食材を生かした料理が豊富。店内は温もりのある空間。☎0980-83-5221 住石垣市大川430-1階東 🕒17時～21時30分LO 休火曜 交離島ターミナルから1.2km P15台 MAP折込裏・石垣島南部中央

石垣市街

Ⓑなかよし食堂（なかよししょくどう）

家庭的な雰囲気の大衆食堂。八重山そば600円、カツ丼800円など。☎0980-82-3887 住石垣市新栄町26-21 🕒11時30分～17時LO 休水・土曜、ほか不定休あり 交離島ターミナルから1km P3台 MAP折込裏・石垣島南部左上

東部

Ⓒ旬家 ばんちゃん（しゅんや ばんちゃん）

地元産の米や野菜、卵、島魚など、店主が納得した食材だけを使う贅沢な定食が人気。営業は朝から昼のみ。要予約。☎0980-87-0813 住石垣市白保13-1 🕒8時30分～13時30分 休水・木曜 交新石垣空港から5km P10台 MAP折込裏D7

人気沸騰中の辺銀食堂の石垣島ラー油

今や人気は全国区の辺銀食堂の石垣島ラー油1175円。辺銀食堂の調味料や雑貨を扱うショップ**石垣ペンギン**で購入できます。☎0980-88-7803 MAP折込裏・石垣タウン右上

ここで食べられます D

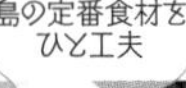

島の定番食材をひと工夫

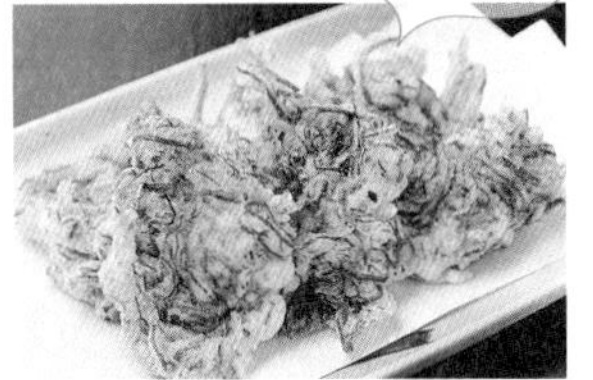

モズクの天ぷら
650円
もちっとした食感と磯の香りが楽しい。塩で食べるのがおすすめ

ここで食べられます D

海の恵みを凝縮しています

アーサ汁
700円
ほんのり塩味の上品な汁物。島豆腐とアーサがたっぷり

ここで食べられます F

ピチピチ地魚の淡泊な味わい

近海魚のカルパッチョ
950円
マグロ、イラブチャー、クロダイなど、八重山の魚を自家製ソースで

ここで食べられます D

優しい味わいの創作料理

イカスミソーメンチャンプルー
850円
八重山産のイカスミを使用。イカスミのコクが、ほどよく麺に絡む

ここで食べられます E

島の豆腐は濃厚な味わい

ゆし豆腐セット（大）
550円
固める前の、ふわふわのおぼろ豆腐。大豆の風味が濃い。ご飯と豆乳が付く

ここで食べられます F

島の定番野菜を前菜に

島野菜の小鉢
500円
島で昔から食べられてきたハンダマと島菜。カツオ節を添えたあっさり風味

石垣市街

しまりょうりのみせ ぱいのしま

D 島料理の店 南の島

島に受け継がれる伝統的な家庭料理を味わえる店。赤瓦屋根が目印。☎0980-82-8016 住石垣市大川224 ⏰11時～13時30分LO、17時～20時30分LO 休日曜 交離島ターミナルから460m P3台 MAP折込裏・石垣タウン中央

石垣市街

とうふのひが

E とうふの比嘉

豆腐製造所に併設された食事処。毎朝作りたての島豆腐が味わえる。全席が屋根のあるテラス席。☎0980-82-4806 住石垣市石垣570 ⏰6時30分～15時（豆腐がなくなり次第閉店）休日曜 交新石垣空港から15km P30台 MAP折込裏C7

石垣市街

もりのけんじゃ

F 森の賢者

地産地消にこだわる創作料理店。化学調味料を使用せず、島の食材を体に優しい料理にアレンジしている。☎0980-83-5609 住石垣市新川49-2 ⏰17時～22時30分 休不定休 交離島ターミナルから1km Pなし MAP折込裏・石垣島南部左上

八重山では、味噌汁が沖縄そばなどと同じ大きな器で出され、立派な一品料理なんです。

沖縄の離島で生まれたご当地麺 八重山そばは、はずせません

やわらかソーキに島野菜、山羊肉入りまで。一杯のどんぶりには店の個性がぎゅっと詰まっています。食べ比べてみるのもおすすめです。

八重山そば（中） 650円

豚骨と昆布でとった澄んだスープが特徴。具はかまぼことロース肉

八重山そばって？

ほんのり甘みのあるスープとストレートの丸打ち麺が特徴。細切りにした豚肉とかまぼこをトッピングするのが定番だが、オリジナルの具材をトッピングする店も多い。

石垣市街

やえやまそばどころ くなつゆ

八重山そば処 来夏世

おばぁ直伝の懐かしの一杯

「これぞ八重山そばの定番」とでもいうべき王道の味を、先代のおばぁから受け継いでいる。サイドメニューには、八重山の郷土飯・ジューシー250円を。

☎0980-82-7646 住石垣市石垣203 ⏲10～14時 休水・木・日曜 交離島ターミナルから1.9㎞ P8台 MAP折込裏・石垣島南部中央

民家を改装した素朴な店

味噌そば 700円

自家製宮古味噌を使用。島でとれた葉野菜、モヤシがたっぷり

石垣市街

きみしょくどう

キミ食堂

一度食べるとクセになる味

自慢の味噌はすべて店主が手作りしており、大豆と麦の風味が生きたコクのあるスープが特徴。三枚肉そば900円や、牛盛りそば900円もおすすめ。

☎0980-82-7897 住石垣市登野城319-6 ⏲8時～売切れ次第終了 休木曜 交離島ターミナルから1.8㎞ P契約駐車場利用 MAP折込裏・石垣島南部中央

カウンターのほか座敷席もある

※てびち=豚足　ソーキ=豚のあばら肉

味を深める八重山そばのベストパートナー

八重山そばを食べるときにぜひ使ってほしい調味料があります。シナモンに似た香りのスパイス「ピパーチ」と、島唐辛子を泡盛に漬け込んだ「コーレーグース」。八重山そばの店では、ほぼ100%常備している、定番の調味料なんです。

石垣市街

やえやまそば たいらしょうてん

八重山そば 平良商店

行列もできる島の人気店

島育ちの店主が、地元で食べてきた味の「いいとこ取り」で作る八重山そば650円〜や、軟骨そーきそば950円が名物。八重山そばに石垣名物「オニササ」が付いたセットメニューや定食類も充実。

☎0980-87-0890 住石垣市登野城506 ⏰11時30分〜14時 休土・日曜、祝日 交離島ターミナルから980m P3台 MAP折込裏・石垣島南部右下

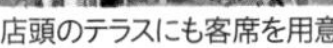
店頭のテラスにも客席を用意

辛味噌野菜そば 900円

石垣市街

ゆうくぬみ

ゆうくぬみ

スープにこだわる素朴な名店

八重山の方言で「居心地の良い場所」を表す店名のとおり、アットホームな雰囲気。しっかりとダシが利いた昔ながらのスープは、地元でも人気。

☎0980-82-4397 住石垣市大川10-2 ⏰11時30分〜売切れ次第終了 休日〜水曜、ほか不定休あり 交離島ターミナルから500m Pなし MAP折込裏・石垣タウン中央

豚骨とカツオでダシをとったスープ。具は細切り肉とかまぼこ

そば（大）700円

ユーグレナモールにほど近い

石垣市郊外

いっきゅう

一休

手間暇かけたユニークそば

山羊汁と八重山そばをドッキングさせた山羊そばや、牛肉をたっぷりのせた牛そば700円など、オリジナルのメニューが自慢。山羊肉特有の臭みが少ないのは、丁寧な下ごしらえのなせるワザ。

☎0980-82-1803 住石垣市石垣716-1 ⏰11〜17時 休月・火曜 交新石垣空港から15km P15台 MAP折込裏C7

ウッディな内装で統一されている

山羊そば 950円

八重山そばを味わうときは、まずはそのまま、次にピパーチ、最後にコーレーグースを入れてみて。いろんな味が楽しめます。

島の自然でのびのび育った石垣産牛を味わう幸せ

八重山諸島の暖かな気候と豊かな自然が生み出す石垣産牛。
その特性を知りつくした料理人たちが作りだすメニューは、まさに絶品です。

特上盛り合わせ 1万780円～
※写真は4.5人分 特上ステーキ、厚切り塩タンなど上質な肉を4種類も味わえる贅沢な盛り合わせ

肉の深いうま味が口いっぱいに広がるプレミアムカルビ

このメニューも

石垣産牛ハンバーグ 1320円（200g）
肉汁たっぷりのジューシーなハンバーグ。この値段で食べられるのがうれしい

石垣市街

やきにくきたうちぼくじょう はまさきほんてん

焼肉きたうち牧場 浜崎本店

飼料と育て方にこだわった自社牧場の石垣産牛を自分へのご褒美に

自社牧場や契約牧場をもつ焼肉店。長期飼育にこだわり、入荷後も約3週間熟成させてから提供している。うま味を引き出すように調理された肉はコクがあり、脂もさっぱりした味わい。特に通常より10カ月以上長期飼育した牛のプレミアムカルビ100g4300円は、自慢のメニュー。ちょっと奮発して食べてみよう。

☎0980-83-7000 住石垣市浜崎町2-3-24 ⏰11時30分～14時30分、16時30分～21時30分LO 休水曜（変動あり）交離島ターミナルから900m P15台 MAP折込裏・石垣島南部左下

▲シーサーが屋根に鎮座するなど、随所に沖縄らしさがうかがえる

広々とした店内は木目が基調になっていてシックな雰囲気

比較的空いてる時間は？
ランチタイムは14時以降だと比較的空いている。夜は19時以降が混雑するので、予約しておくとスムーズ

石垣牛の特徴は育つ環境にあります

「石垣牛」とは、八重山諸島で育った黒毛和牛で、JAが定めた条件を満たしたもののこと。温暖な気候、起伏のある地形が生む豊かな水などの恵まれた環境で育てられるため、ストレスが少なく、優れた肉質になるのだとか。

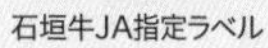
石垣牛JA指定ラベル

焼きしゃぶ
2640円～(1人前)
炭火でサッと炙った薄切り上ロースの、とろけるような食感がたまらない

このメニューも

塩バラ
2178円～(1人前)
ジューシーな厚切りのバラ肉を、野菜とともにさっぱりと味わう

比較的空いてる時間は？
半年先まで予約で埋まるほどの超人気店なので、出発前の予約が必須

石垣市街

いしがきぎゅうすみびやきにく やまもと

石垣牛炭火焼肉 やまもと

ひと手間かけたおいしさに感動

目利きの店主が直接買いつけている肉は、上質で価格も手頃。各部位のメニューも充実している。なかでも看板メニューの焼きしゃぶは、肉質の良さをダイレクトに感じられる逸品。

☎0980-83-5641 住石垣市浜崎町2-5-18 ⏰17時～肉がなくなり次第閉店 休水曜 交離島ターミナルから1km P16台 MAP折込裏・石垣島南部左下

予約の取りにくい人気店だが、行く価値あり

特上3種盛
8580円(220g)
肩バラ、ロース芯などのサーロイン系のとろける特上肉を盛り合わせる

このメニューも

カルビうどん
1045円
軟らかいカルビがたくさん入った、ピリ辛卵とじ仕立てのうどん

比較的空いてる時間は？
20時ごろは空くこともあるが、好みの部位を注文するなら予約がベター

石垣市街

たけさんてい

たけさん亭

上質な石垣牛を厚切りで

石垣牛の買参権をもった店主がA4、5等級の石垣牛を一頭買いで仕入れ、豪快な厚切りで提供。自店でさばくため部位が細かく分けられ、レアな部位が登場することも。店内はすべて掘りごたつ式でくつろげる。

☎0980-88-0704 住石垣市浜崎町2-2-4 ⏰17時～20時30分LO 休火曜 交離島ターミナルから900m P10台 MAP折込裏・石垣島南部左下

店内はすべて掘りごたつ式なのでくつろげる

アボカドチーズハンバーグステーキ
2950円～(200g)
粗挽きされた石垣牛の味を引き出す、しょうゆベースのソースがポイント

このメニューも

ガーリックシュリンプ
972円
ぷりぷりとしたエビの食感とピリ辛の味付けがクセになる一品

比較的空いてる時間は？
オープン直後が狙い目。予約不可なので早目の訪問が望ましい

石垣市街

こーなーず ぐりる

CORNER'S GRILL

贅沢なハンバーグを

肉の品質を示す等級、3等級以上の石垣牛のみを使用。店内はオーナーが内装を手作りした、温かみのある雰囲気。チーズバーガー2620円などのテイクアウト(前日までに要予約)もできる。

☎0980-82-8050 住石垣市大川258-1 城西ビル1階 ⏰11時～売切れ次第終了 休不定休 交離島ターミナルから500m Pなし MAP折込裏・石垣タウン中央

牛が描かれた木製の看板が目印

石垣牛が注目されたのは、2000年の沖縄サミットがきっかけ。メインディッシュで登場し、各国首脳に絶賛されたことから有名になりました。

潮風に吹かれてのんびり過ごす
風景もごちそうの海カフェへ

ランチやティータイムをゆっくり楽しみたいなら、青い海を望むカフェがおすすめ。心和む風景に、ついつい時間が経つのも忘れてしまいそうです。

ここが特等席です

海に面したカウンターのあるテラス席

▶階段を上った2階が入口になっている

石垣市街

なちゅらる がーでん かふぇ ぷかぷか

Natural Garden Cafe PUFF PUFF

目の前の絶景に感動！
波音が聞こえるテラスでひと休み

店内は全面ガラス張りで開放的。ランチは島素材を使ったメイン料理にサラダ、ドリンク、デザートが付くハーフブッフェスタイル。マンゴーパフェ1000円も人気。☎0980-88-7083 住石垣市真栄里193-1 ⏰11時～19時30分LO（ランチは～15時）休無休（貸切時を除く）交離島ターミナルから2.7㎞ P20台 MAP折込裏・石垣島南部右下

トロピカルパフェ 950円

パインやドラゴンフルーツなどをトッピング。南国感たっぷり

タコライス 1000円

石垣島産ビーフ&ポークと彩り野菜を使うオリジナル

島の北東部の岬から 青い海を見渡す 絶景パーラー

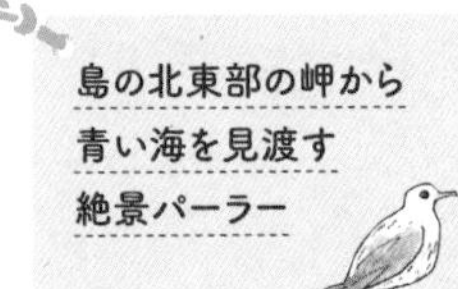

のばれ岬観光農園では、芝生の庭や屋上の展望台からみごとなオーシャンビューを楽しめる。メニューは、自家農園のパイナップルを使ったひんやりスイーツや八重山そばなど。☎0980-89-2744 MAP折込裏D5

窓から海を見渡せる2階の窓際席

素揚げ島野菜のカレー 1793円（ランチ限定）

黒紫米に10種以上の素揚げ野菜をトッピング

石垣市街

しまやさいかふぇ りはろう びーち

島野菜カフェ Re:Hellow BEACH

テラスの先に青い海が広がる

農家や産直市場から仕入れた島野菜の料理が評判。島野菜と島豆腐入りミートの健康タコライス1804円や、ゆし豆腐ワッフルパンケーキ1078円～も人気だ。昼時は予約がベター。

☎0980-87-0865 住石垣市真栄里192-2 ⏰10時～19時30分LO 休不定休 交離島ターミナルから2.7㎞ P12台 MAP折込裏・石垣島南部右下

建物は開放的な造りで吹き抜けになっている

帆布のテントが張られたテラス席

石垣島産マグロのペペロンチーノ 1500円

ハーブで風味を付けたキハダマグロを、軽く炙ってトッピング

西部

うみかふぇあんどきっちん せんとえるも

海Cafe&Kitchen St.ELMO

海に浮かんでいるようなテラス席

市街地から車で約15分の場所にある海カフェ。店内やテラスは船をイメージした造りで開放感たっぷり。海上で過ごしているような気分を味わえる。島素材をふんだんに使ったフードやドリンクも充実。2024年の営業は10月末まで。

☎0980-87-6250 住石垣市新川1629-3 ⏰11時30分～18時（季節により変動）休水曜（変動あり）交離島ターミナルから6.4km P5台 MAP折込裏B7

店内からも海を一望できる

赤屋根の向こうに海を望むウッドテラス席

国産和牛のハンバーグプレート 目玉焼き付き 1250円

外側がカリッとした食感で、中はジューシーな味わい

北部

かりぶ かふぇ

carib café

赤瓦屋根越しに広がるのどかな海

特製デミグラスソースのかかったハンバーグなど、本格的な洋食が味わえると評判。木を基調にしたウッディな造りの店内は、南国らしい雰囲気が漂う。ウッドデッキ（修繕中）からの眺望がよく、川平湾方面に、エメラルドグリーンの澄んだ美しい海が望める。

☎0980-88-2113 住石垣市川平1216-113 ⏰11時～材料がなくなり次第閉店 休月曜 交新石垣空港から19㎞ P5台 MAP折込裏C5

川平湾から車で10分ほどの位置にある

サンセットを眺めながらのティータイムもロマンチックです。サンセットは、島の西側の海沿いにあるカフェで楽しめます。

まるで島食材の宝箱です カラダにうれしい南国スイーツ

一年中暖かい石垣島では、冷製スイーツが人気です。
島内産のフルーツを使った贅沢スイーツで、ひと息つきませんか？

口の中に
石垣島がいっぱい

石垣島のフルーツミックス
750円
フレッシュな島産パパイヤ、パイン、パッションフルーツが、ミルクとマッチ A

紅いもミックス 650円
ふかした島産紅イモをアイスにミックス。自家製の紅イモチップがアクセント A

食べて楽しい
食感三重奏

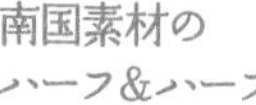

マンゴー&紅芋
660円
マンゴーの濃厚な甘さと、紅芋の優しい甘さがそれぞれ楽しめる B

南国素材の
ハーフ&ハーフ

まるで生の
マンゴーみたい

マンゴー&ミルク
660円
厳選した島産完熟マンゴーと、いもり牧場のしぼりたてミルクがコラボ B

石垣市街
はうとぅりー じぇらーと
ハウトゥリー ジェラート

−20℃の大理石の上で作るアイスが名物。石垣島産牛乳を使ったミルクアイスと島産フルーツを合わせる。

☎0980-83-5452 住石垣市大川281 ⏰11〜19時（季節により変動あり）休不定休（12・1月休業）交離島ターミナルから850m Pなし MAP折込裏・石垣タウン右上

B
西部
いしがきじまみるみるほんぽ
石垣島ミルミル本舗

牧場直営のジェラート店。海辺に立っているため、ロケーションも抜群。みやげ店を併設している。

☎0980-87-0885 住石垣市新川1583-74 ⏰10時〜日没（季節により変動あり）休無休 交新石垣空港から22km P50台 MAP折込裏B7

西部
みやらのうえん
宮良農園

農園に併設されたオープンエアーのパーラー。旬のフルーツをふんだんに使った生ジュースやかき氷を味わえる。

☎0980-83-4077 住石垣市新川1134 交新石垣空港から21km ⏰11〜17時 休火・水曜 P5台 MAP折込裏B7

揚げたての
絶品おやつも
お忘れなく

サーターアンダギーが評判の**さよこの店**。紅イモ、プレーンなど計7種類を手作りしています。1個100円から購入できます。売り切れ次第閉店。
☎0980-83-6088 MAP折込裏・石垣島南部中央

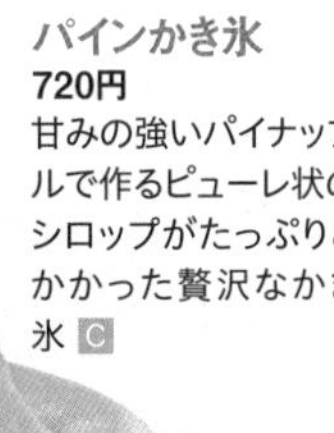

パインかき氷
720円
甘みの強いパイナップルで作るピューレ状のシロップがたっぷりとかかった贅沢なかき氷 C

甘酸っぱい
特製シロップ

離島巡りの
おともに

マリヤシェイク（マンゴー）
Mサイズ 600円
マリヤ牧場のミルクを使用。ソースは、マンゴーなど数種類からチョイス F

氷ぜんざい（きなこ）
450円
氷の下に自家製白玉と甘納豆入りの濃厚な黒糖シロップ。きな粉のアクセントがクセになる E

島産グァバを
たっぷり使う

グァバシェイブアイス
770円
ピンクグァバを惜しみなく使ったシロップが、ふわふわの氷の表面にも中にもたっぷり。濃厚な甘さに感激 D

懐かしい味に
ほっとします

中央部
ふぁーむあんどかふぇひかりらくえん
FARM&CAFE 光楽園

グァバ農家が直営する、畑の中のかわいいパーラー。島フルーツを使ったシェイブアイスやジュースが充実。

☎0980-88-8731 住石垣市平得1535-16 ⏰10～16時LO 休不定休 交離島ターミナルから8.3㎞ P25台 MAP折込裏C6

石垣市街
いしがきじまれいか
石垣島冷菓

昔ながらの素朴な氷ぜんざい店。名物の氷ぜんざいのほか、手作り餅入りの今川焼（冬期限定）120円も人気。

☎0980-88-6077 住石垣市大川305 ⏰12時～17時30分（冬期は変動あり） 休日曜 交離島ターミナルから1.1㎞ P1台 MAP折込裏・石垣島南部中央

石垣市街
ななぴぃとほんぽ
七人本舗

離島ターミナル内にある。島の牧場産ミルクを使ったシェイク（7～17時）を販売している。

☎0980-83-0105 住石垣市美崎町1（離島ターミナル内）⏰6時30分～18時 休不定休 交離島ターミナルからすぐ Pなし MAP折込裏・石垣タウン左下

ドラゴンフルーツには、地元民おすすめの食べ方があります。シークワーサーの絞り汁を垂らすと、より甘みが増すそうです。

歌って飲んで、イヤサッサー♪
夜は民謡酒場で盛り上がりましょう

島の夜はお酒と島唄がないと始まりません。島唄ライブを聴きながら、歌って踊って笑って飲んで。奏者観客が一体になった、楽しい夜を過ごしましょう。

知っておこう！

♪ 民謡酒場ってどんなところ？

店内にステージがあり、そこで演奏される民謡ライブを聴きながらお酒を飲む店。盛り上がると会場のみんなでカチャーシーを踊るのが暗黙のルール。

♪ 八重山民謡ってどんな歌？

古くから八重山地方で歌い継がれてきた民謡。アレンジが加えやすく、ギターを使って演奏する場合も。アップテンポの曲も多い。

♪ 定番の歌は？

古典では『安里屋ユンタ』や『トゥバラーマ』など。店によっては『涙そうそう』なども演奏してくれる。

三線（さんしん）
八重山民謡になくてはならない弦楽器。主音部分を奏でることが多い。

唄者（うたしゃ）
メインボーカルのこと。ファルセットを利かせた独特の小節を入れる。

島太鼓（しまでーく）
曲のテンポを刻む。普通の太鼓よりやや軽快な音色が特徴。

楽しむコツは？

とにかく盛り上がってきたらカチャーシーを踊っちゃおう。誰か一人が踊れば不思議とみんな踊り始めるので、それに便乗。

♪ 本場の古典民謡を体感

民謡に合わせてカチャーシーで踊ろう

ライブの特徴！

昔ながらの八重山民謡がメインだが、曲はしっとり系からアップテンポまでバリエーションが幅広い

21時ごろから1日2～3回実施

おすすめMENU
玉の露グラス…1000円
宮之鶴グラス…1000円
※料理メニューはないので注意

石垣市街

しまうたらいぶ ばしょうふ
島唄ライブ 芭蕉布

島唄をひっさげて全国を飛び回る鳩間隆志（またかし）さん・チヨ子さんが営む店。地元客が多く、落ち着いた雰囲気の中、味のある歌声が聴ける。ゆったりと泡盛を傾けよう。

☎090-3797-1211 住石垣市美崎町12-12 ¥チャージ2500円（2ドリンク付き） 🕒20時～翌1時 休不定休 交離島ターミナルから400m Pなし MAP折込裏・石垣タウン左上

民謡酒場に触発されて 三線（さんしん）レッスンを

島唄ライブを聴いて三線に興味をもった人は**三線ショップ島風**へ。75分2500円で三線の基本を教えてもらえます。日曜休。要予約。

☎0980-88-6634 MAP折込裏・石垣島南部右下

♪島料理とライブを楽しめる

ショーの合間には、飛び入りで民謡カラオケも楽しめる

ライブの特徴！ ノリよく踊れるポップスから、じっくりと聴かせる昔ながらの民謡までを幅広く演奏する

おすすめMENU
刺身2点盛り…580円
グルクン唐揚げ…780円

石垣市街

みんよういざかや よるどーや

民謡居酒屋 よるどーや

地元の唄者による唄声が堪能できる。島料理やおつまみといった食事メニューも豊富で、飲み放題は4品付き。ライブは20時ごろから始まる（日によって変動あり）。

☎0980-88-6010 住石垣市美崎町10-2 ¥飲み放題90分3850円 ⏰18～23時 休水曜 交離島ターミナルから330m Pなし MAP折込裏・石垣タウン左上

♪奏者と客の一体感が楽しい

店の内装はすべてスタッフの手作り

ライブの特徴！ 唄者が「涙そうそう」「島人ぬ宝」「オジー自慢のオリオンビール」などの比較的有名な曲を演奏する

19時～
21時～

おすすめMENU
石垣牛握り…4貫1900円
海鮮サラダ…980円
島らっきょ 塩漬け…580円
ミミガーポン酢…480円

石垣市街

うさぎや いしがきほんてん

うさぎや 石垣本店

客席のすぐ横にステージを設けているため至近距離でライブが聴ける。アップテンポの曲がかかると、奏者、店員、客が入り乱れて、店全体がヒートアップ。島ならではの料理も評判。

☎0980-88-5014 住石垣市石垣1-1 ¥ライブチャージ800円 ⏰17～22時LO 休不定休 交離島ターミナルから700m P5台 MAP折込裏・石垣タウン左上

ライブが盛り上がったときに踊るカチャーシー。両手を頭上に構え、ひらひらと手首を返します。見よう見まねで挑戦しましょう。

島の天然素材をお持ち帰り とっておきの島みやげ

手作り雑貨やコスメ、ご当地食品など、島産素材を盛り込んだおみやげがいっぱい。ついつい目移りしちゃう逸品ばかりです。

カップ&ソーサー 3500円～
小皿 1700円～
島の土を練り、工房の窯で焼き上げた一点もの。島の生き物をモチーフにした素朴な絵柄が愛らしい A

ティータイムが待ち遠しいです

島の野鳥をデザイン

クイナコップ
2000円
島でよく見かける鳥、シロハラクイナを描いたデザイン。口が広がり、飲みやすいデザイン B

島の生き物を身につけて

刺繍バッジ 各2700円
シロハラクイナと月桃、アカショウビン(鳥)、オオゴマダラなど、島の動植物を象った小ぶりなバッジ B

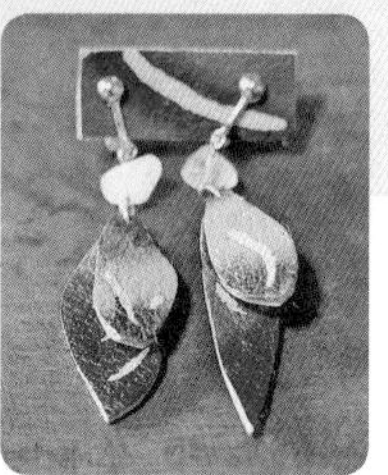

耳元を鮮やかに彩る

ピアス 2750円
豚革を染めたカラフルなピアス。色や形が1点ごとに異なる C

定番人気の縫染革シリーズ

beni ポーチ 6600円
豚革を紅型の柄で染めた人気のシリーズで、トートバッグやポシェットなどもある C

北部
いしがきじま なんとうやき
石垣島 南島焼 A

深い山あいにたたずむ窯元。全行程を窯主一人で行うため、陶器はすべて一点もの。訪問時は事前に要連絡。

☎090-9780-3529 住石垣市川平1218-263 🕒10～18時 休不定休 交新石垣空港から22km P5台 MAP折込裏B5

石垣市街
さんぴんこうぼう
さんぴん工房 B

店主夫妻が作る焼き物やバッグ、手ぬぐいなどのアイテムが揃う。

☎0980-83-1699 住石垣市大川203-1 🕒11時～17時45分(土曜は～18時) 休日曜 交離島ターミナルから650m Pなし MAP折込裏・石垣タウン中央

石垣市街
ふくんき
福ん黄 C

布や革にオリジナルの紅型の染めを施したアイテムが揃う。商品はすべて1点ものなので、1つずつ柄が異なる。

☎080-2754-2505 住石垣市大川153 🕒訪問前に電話で要問合せ 休不定休 交離島ターミナルから1km P1台 MAP折込裏・石垣島南部中央

南国の
甘い香り

グァバジャム
100g 730円
自家農園のグァバを使った手作りジャム。無添加でヘルシー D

手作りの
やちむんが
ずらり

石垣島をはじめ八重山各島や沖縄本島の作家による焼き物を集めた**やちむん館工房**。民芸雑貨、木の実など自然素材を使ったアクセサリーも揃っている。☎0980-86-8960 MAP折込裏D7

石垣の塩ちんすこう（小）
12個入り 324円
石垣島みやげの定番。ミネラル豊富な石垣の塩を使っている。大サイズ1188円もある E

ばらまきみやげは
コレで決まり

フルーツを
そのままに

料理を南国風に
アレンジできます

生七味 40g　594円
シークヮーサーこしょう 40g　594円
島素材調味料の専門店「海のもの山のもの」の商品。麺類や炒め物に使うのがおすすめ E

パッションフルーツドリンク
500mℓ 1760円～
甘酸っぱいパッションフルーツをジュースに加工。無添加なので体に優しい F

石垣郊外
みやらのうえん
宮良農園 D

海を眺める小高い丘にあるフルーツパーラー。季節の果物を使った生フルーツジュース660円～なども。
☎0980-83-4077 住石垣市新川1134 🕒11～17時 休火・水曜 交新石垣空港から21km P5台 MAP折込裏B7

石垣市街
いしがきしとくさんひんはんばいせんたー
石垣市特産品販売センター E

ユーグレナモール内の公設市場2階。食品、工芸品、泡盛など、島の特産品が揃う。☎0980-88-8633 住石垣市大川208 🕒10～19時 休島の行事日（詳細は要問合せ）交離島ターミナルから650m Pなし MAP折込裏・石垣タウン中央

西部
かびらふぁーむ
川平ファーム F

川平湾を見下ろす高台にある店で、手作りのジャムとジュースを販売。商品パッケージは主人手描きのデザイン。
☎0980-88-2475 住石垣市川平1291-63 🕒10～18時 休不定休 交新石垣空港から23km P5台 MAP折込裏B5

ついつい買い込んでしまうおみやげ。ホテルからも宅配便などを出せますが、帰り際に買い込んでしまったときは空港からでも出せますよ。

ラグジュアリーなホテルで心ときめく贅沢ステイ

楽園のような空間が広がる、ハイクラスのリゾートホテル。
まるで外国に来たような「特別な休日」が過ごせます。

ラグジュアリーな過ごし方
滝が流れる屋外プールのかたわらで、のんびり読書をしたり、トロピカルドリンクを飲みながら過ごす、南ぬ島の優雅なひとときは格別

石垣市街

えーえぬえー いんたーこんちねんたる いしがきりぞーと

ANAインターコンチネンタル石垣リゾート

施設、サービスともに充実 ワンランク上のリゾートステイ

マエサトビーチを望むラグジュアリーリゾート。屋内外のプールやジム、ゴルフコース、スパなどに加え、遊覧ヘリなど独自のアクティビティも豊富に揃う。最高級の客室クラス「クラブインターコンチネンタル」棟では、コンシェルジュサービス、専用のプールやラウンジなどを用意し、よりパーソナルなサービスを提供。

☎0980-88-7111 住石垣市真栄里354-1 交新石垣空港から9㎞ 🚌シャトルタクシーあり（有料）P456台（無料）室458室 MAP折込裏C8

広さ50㎡

贅沢ポイント
海上リゾートのような
オーシャンビュールーム
ビーチに近い棟にあり、大きく広がる海の景色を楽しめる

贅沢ポイント
専用ラウンジで
極上のひと時を
クラブインターコンチネンタル専用のラウンジには、朝食など多彩なサービスを用意

石垣島では希少なアフタヌーンティーを提供している

料金
クラブインターコンチネンタル
1泊朝食付
料金は平日・休日・季節により変動（要問合せ）
IN 15時 OUT 11時

Activity
YAEYAMAヘリクルージング(有料)は、ホテル離発着の遊覧ヘリ。八重山諸島をめぐる贅沢な空中散歩を楽しめる

（写真はイメージ）

ビーチまで5分以内　エステ施設あり　オーシャンビューの客室あり　ゆ 大浴場あり　プール施設あり　アクティビティ紹介あり

ラグジュアリーな過ごし方

島の西部にあるフサキビーチは、透明度が高く、白砂が美しい。ビーチでくつろいだり、シュノーケリングなどで楽しみたい

贅沢ポイント
ビーチサイドプール

石垣島最大級のプールエリアには遊具施設やバーがあり、子どもから大人まで楽しめる

西部

ふさきびーちりぞーと ほてるあんどゔぃらず

フサキビーチリゾート ホテル&ヴィラズ

客室もグルメもバラエティ豊か 海沿いの島内最大級リゾート

ビーチに面した広大な敷地の中に、ホテル棟や赤瓦屋根のヴィラ、島内最大級のプールエリアなどが並ぶ。レストランでは、屋外バーベキュー（夏期営業）や創作島料理のディナー、約80種類のメニューが楽しめるブッフェなど、多彩な食事を用意。プールエリアに隣接するフサキビーチでは、種類豊富なマリンアクティビティ（有料）が楽しめる。

☎0980-88-7000 住石垣市新川1625 交新石垣空港から19km シャトルバスあり P299台（宿泊者無料）室398室 MAP折込裏B7

料金

スーペリアツイン

1泊朝食付

平日・休前日　1万6360円～

広さ　41㎡

IN 15時 OUT 11時

贅沢ポイント
ビーチでの朝ヨガ体験

朝7時から行われるビーチヨガで心も体もリフレッシュ。優雅なひと時を過ごせる

贅沢ポイント
各ニーズに応える多彩な部屋タイプ

プライベートプール付きや和洋室、ファミリー向け、バリアフリーなどの客室がある

朝食会場は敷地内に2か所ある

Gourmet
世界各国の料理を用意

オールデイダイニング「ISHIGAKI BOLD KITCHEN」では、各国の本格料理を楽しめる。

石垣郊外 

ぐらんゔぃりおりぞーといしがきじま

グランヴィリオリゾート石垣島

海沿いに立つ2タイプのリゾート

広大な敷地内に2エリアの宿泊棟が並ぶ。ヴィラガーデンにはオーシャンビューやプール付きコテージなど多様な客室が揃う。一方のオーシャンズウィングはオーシャンビューの客室が中心。屋内外のプールや露天風呂付きの大浴場、岩盤浴、スパなど多彩な施設はヴィラガーデンの宿泊客も利用できる。

☎0980-88-0030 住石垣市新川舟蔵2481-1 交新石垣空港から20km 🚌シャトルバスあり P110台（無料）室300室（グランヴィリオガーデン200室、ヴィラガーデン100室）MAP折込裏B7

料金

ガーデンビューデラックス（ヴィラガーデン）

1泊朝食付

✣平日・休前日　1万8000円〜

広さ　50㎡

🕒 IN 15時 OUT 11時

ヴィラガーデンの石垣牛鉄板焼きコース7700円〜

Activity

ホテル前のビーチは遊泳不可だが、マリンジェットやSUPなど10種以上のマリンアクティビティを用意している。ホテル内の専用デスクで予約可能（各有料）。

オーシャンズウィングからは海を一望

贅沢ポイント

ヴィラガーデンのプール付きコテージはプライベート感満載で、贅沢なステイが楽しめる

プールから浴室に直行できる

広さ約35〜92m²

贅沢ポイント

広々としたテラス付き

キングベッドを備えたシックな趣の「ガーデンビューデラックス」客室。広々としたバルコニーもある

ラグジュアリーな過ごし方

ヴィラガーデンにある屋外プール（3〜10月オープン）は日没まで泳げる。それ以降はライトアップで幻想的な景色に

ビーチまで5分以内　エステ施設あり　オーシャンビューの客室あり　ゆ 大浴場あり　プール施設あり　アクティビティ紹介あり

石垣郊外

おきなわかりゆしりぞーとえぐぜすいしがき

沖縄かりゆしリゾートEXES石垣

海を見下ろす丘に立つ 全室オーシャンビューのリゾート

宮良湾を望む高台にある。全室オーシャンビューで、リビングと寝室が独立したゆとりのある造りが特徴。朝食はセミビュッフェスタイルで、島産の卵を使ったオムレツやフレンチトースト、八重山郷土料理などが味わえる。ベビーカー、ベビーベッド、加湿器などの貸出品も充実している。離島ツアーに出かけるときに便利な、離島ターミナルへの送迎サービス(港行きのみ)も行っている。全館禁煙。

☎0980-86-8001 住石垣市宮良923-1 交新石垣空港から6.5km 送送迎なし P80台(無料) 室50室 MAP折込裏D7

料金

デラックスルーム

1泊朝食付

平日・休前日　1万7600円～

IN 15時 OUT 11時

ラグジュアリーな過ごし方

屋外プールからは眼下に宮良湾を望むことができる。夜にはライトアップで幻想的な景色も

広さ58㎡

ガーデンレストラン(季節限定、要問合せ)

プレミアムデラックス。バルコニーもある

Gourmet

夕食は無煙ロースターを使った屋内BBQコース(要予約)。島産和牛などを味わえる

西部

くらぶめっど・いしがきじま かびら

クラブメッド・石垣島 カビラ

自由なバカンスを楽しむための オールインクルーシブスタイル

川平湾近くの美しい海を眼下に望めるホテル。人気のデラックスシービュールームは、客室やテラスから青い海を一望できる贅沢で快適な空間。滞在中は食事やドリンクはもちろん、シュノーケリングやテニスなどのアクティビティ、4歳以上のキッズプログラムも追加料金は不要で気楽に過ごせる。

☎0088-21-7008(東京コンタクトセンター) 住石垣市川平石崎1 交新石垣空港から27㎞ 送送迎あり P11台(無料) 室181室(スーペリア103室、デラックスガーデンテラス31室、デラックスシービュー48室、スイート2室) MAP折込裏B4

料金

1泊飲食・スポーツレッスン込み

平日・休前日　2万7500円～

IN 15時 OUT 10時

ラグジュアリーな過ごし方

プライベートビーチでは、昼寝したり好きな本を読んだり、贅沢な時間を過ごそう

Bar

オーシャンビューのバーでは、追加料金なしでビールやカクテル、かき氷などを楽しむことができる

広さ約26㎡

デラックスシービュールーム

ビュッフェスタイルで多彩な料理が揃う

石垣市街

みなみのちゅらはな ほてるみやひら

南の美ら花 ホテルミヤヒラ

街なかにある老舗ホテルは客室タイプも食事も充実

離島ターミナルまで徒歩1分で、離島観光に便利。繁華街の美崎町にあるため、徒歩圏内でショッピングやグルメも幅広く楽しめる。施設内には石垣牛の鉄板焼き、八重山家庭料理、ビュッフェレストランなどの飲食店が充実。「美崎館」にはハイフロアオーシャンビューや、プラネタリウム付き、ユニバーサルルームなど8タイプの客室を備え、全室バルコニー付き。

くつろぎポイント
新館・美崎館は全室バルコニー付き

美崎館の7〜9階海側の客室はオーシャンビュー。街なかでも海の景色が楽しめると好評

料金

ハイフロアオーシャンビューダブルルーム（美崎館）
1泊朝食付
平日・休前日　1万5300円〜
IN15時 OUT11時

☎0980-82-6111 住石垣市美崎町4-9 交離島ターミナルから50m 送迎なし P18台（無料）室245 MAP折込裏・石垣タウン左下

美崎館と東館のベッドはシモンズ製を使用

ホテルの目の前に海が広がる

石垣市街

いしがきじまびーちほてるさんしゃいん

石垣島ビーチホテルサンシャイン

市街地から車で約10分海を見渡す静かなリゾート

全室オーシャンビューのオーシャンガーデン棟をはじめ、ほとんどの客室から海を見渡せる。展望大浴場は露天風呂付きで、夕日や星空を眺めながら入浴を楽しめる。宿泊客は無料で利用できるインフィニティプールや、目の前のビーチ（遊泳不可）でのマリンアクティビティ（有料、4〜9月）、海辺のテラスでのBBQディナーが好評。

くつろぎポイント
バスタイムも海を一望！

オーシャンガーデン棟最上階の「浮舟」はテラスの前に浴室があり、絶景を堪能できる

料金

ツイン
1泊朝食付
平日・休前日　1万2100円〜
IN 15時 OUT 11時

☎0980-82-8611 住石垣市新川2484 交離島ターミナルから4.5km 送迎なし P80台（無料）室114室 MAP折込裏B7

川平

いしがきしーさいどほてる

石垣シーサイドホテル

ビーチまで徒歩1分！オーシャンフロントリゾート

ホテルの目の前にビーチがあり、ガーデンやレストラン、オーシャンビュールームなどから青い海の絶景や夕景を楽しめる。ジェットバス付きコテージタイプの客室では、プライベート感たっぷりのステイを満喫できる。朝食は和・洋・琉球の料理が並ぶビュッフェ、夕食はガーデンレストランでのBBQ（夏期限定）などを用意。

くつろぎポイント
ビーチへ直行できるプール

子ども用プールを併設したガーデンプールは宿泊者限定。ビーチまで徒歩すぐなのもうれしい

料金

ツイン
1泊朝食付
平日・休前日　7750円〜
IN 15時 OUT 11時

☎0980-88-2421 住石垣市川平154-12 交離島ターミナルから22km 送迎なし P80台（無料）室108室 MAP折込裏B5

コテージ以外の客室はほぼオーシャンビュー

ビーチまで5分以内　エステ施設あり　オーシャンビューの客室あり　ゆ 大浴場あり　プール施設あり　アクティビティ紹介あり

北部

あれーずど・ばれ いしがき

アレーズド・バレ ISHIGAKI

隠れ家ビーチに隣接する 全8室の大人向けリゾート空間

島北部の伊土名ビーチまで徒歩すぐの静かな環境にある。全室45㎡以上の広々としたスイートタイプで、客室ごとに「海」「月」「太陽」などをイメージしたデザイン。海を見渡す貸切展望風呂（宿泊者限定）や、ガゼボ付きのプールも好評。ビジターも利用できる併設のカフェでは、石垣牛ハンバーガーや自家製スイーツなどが味わえる。

くつろぎポイント

全室角部屋でゆったり

どの客室もたっぷりと日射しが入り、眺望も抜群。スイートルームや和室タイプもある

料金

ツイン

1泊素泊まり

平日・休前日　1万2800円～

IN 15時 OUT 10時

☎0980-84-5377 住石垣市桴海337-250 交新石垣空港から15km 送迎なし P12台(無料) 室8室 MAP折込裏D4

海と森に囲まれた自然豊かな立地

北部

ぐらんぴんぐりぞーと よーかぶし

グランピングリゾート ヨーカブシ

国立公園内にある エキゾチックな南国リゾート

施設名は沖縄の方言で「明けの明星」を意味する。プライベート感を重視したホテルで、敷地内は異国の路地裏のような空間に6室のヴィラが点在。各客室はバリから取り寄せた調度品で統一され、落ち着いた雰囲気。屋外に設置されたスタイリッシュなグランピングBBQ場では、石垣牛や島野菜を使ったBBQを楽しめる。

くつろぎポイント

星空の下で優雅にグランピング

星空保護区内で星空観賞×BBQのコース6600円～をゆったりと楽しむことができる

料金

コンドミニアムヴィラ

素泊まり

平日・休前日　1万1500円～

IN 15時 OUT 11時

☎0980-89-2345 住石垣市伊原間2-737 交新石垣空港から17㎞ 送迎なし P8台(無料) 室8室(コンドミニアムヴィラ6棟、コンドミニアム2LDK1室ほか) MAP折込裏E4

ヴィラは隠れ家的な雰囲気

北部

せぶん からーず いしがきじま

Seven Colors 石垣島

七色に輝く海を一望できる 白亜の隠れ家リゾートホテル

平久保崎（→P23）の近くにある1日7組限定のホテル。全室オーシャンビューのジャグジー付きで、屋上には海と夕日と星空を楽しめる展望デッキがある。夕食は島の食材を盛り込んだオリジナリティ溢れるコース料理。幼児用アメニティや貸出品が豊富に揃うほか、ランドリーも無料で利用できるなど、快適に過ごせるサービスが充実。

くつろぎポイント

絶景を眺めながらリフレッシュ

客室の海側にジャグジーが備わり、好きな時間に何度でもバブルバスを楽しむことができる

料金

ツインルーム

1泊朝食付

平日・休前日　2万1000円～

IN 15時 OUT 10時

☎0980-84-5107 住石垣市平久保226-523 交新石垣空港から27.3km 送迎なし P30台(無料) 室7室 MAP折込裏F2

展望デッキでパノラマビューを堪能しよう

ココにも行きたい

石垣島のおすすめスポット

石垣郊外

いしがきじましょうにゅうどう

石垣島鍾乳洞

自然が生み出した神秘的な世界

20万年もの歳月をかけてできたという島内最大の鍾乳洞。全長3.2㎞のうち約660mが見学でき、夏の暑い時でもひんやりした洞内はライトアップされた鍾乳石で彩られている。滴るしずくの水音を聞く水琴窟もある。
DATA☎0980-83-1550 住石垣市石垣1666 ¥入場1200円 ◷9時～18時30分（入洞は～18時） 休無休 交新石垣空港から16㎞ P60台 MAP折込裏C7

石垣郊外

いしがきじまてんもんだい

石垣島天文台

国立天文台の観測研究施設

提供：国立天文台

星空や天体の画像・映像が楽しめる「宇宙シアター」を15時30分から上映（要予約・有料）。九州・沖縄で最大の口径105cmのむりかぶし望遠鏡があり、土・日曜、祝日の夜には天体観望会（要予約・有料）も開催。
DATA☎0980-88-0013 住石垣市新川1024-1 ¥見学100円 ◷10～17時（最終入館15時） 休月・火曜（祝日の場合は水曜） 交新石垣空港から18㎞ P8台 MAP折込裏B7

石垣市街

みやらどぅんち

宮良殿内

伝統的な住宅様式を伝える貴重な遺構

文政2年(1819)、八重山の地頭職だった宮良親雲上当演（みやらぺーちんとうえん）が琉球王朝の士族屋敷を模して建てたもの。明治32年（1899）に改修され、現在の瓦屋根になった。国の重要文化財に指定されている。見学は庭からのみ。DATA☎0980-83-5498 住石垣市大川178 ¥入場200円 ◷9～17時 休火曜 交離島ターミナルから850m Pなし MAP折込裏・石垣タウン右上

西部

いしがきやいまむら

石垣やいま村

八重山の郷土体験に挑戦

明治・大正時代の古民家を移築して、昔ながらの町並みを再現した施設。琉球衣装を羽織って記念写真（琉装体験1000円）や、シーサー色付体験1体1800円～、ペア3300円など、沖縄ならではの体験が楽しめる。
DATA☎0980-82-8798 住石垣市名蔵967-1 ¥入村1200円 ◷9時～17時30分（入村は～17時） 休無休 交新石垣空港から17㎞ P100台 MAP折込裏B6

西部

いしがきじまがらすこうぼう ぽんて

石垣島ガラス工房 Ponte

琉球ガラス作りに挑戦

多彩な色を扱うのが特徴の琉球ガラス。吹きガラスという手法で、グラスや小鉢を製作できる。吹きガラスコース・一般コース5500円～（所要45分～、要予約、5歳以上）。海を見渡す高台の工房で体験を楽しもう。
DATA☎0980-82-4620 住石垣市新川1625-35 ◷10～18時 休水曜 交離島ターミナルから6.4km P7台 MAP折込裏B7

石垣市街

あらかわしょくどう

あらかわ食堂

牛そばとタコライスが人気

地元&観光客でにぎわう人気店。とろけるほどやわらかい牛ホルモンが入った名物の牛そば大1200円をはじめ、タコライス950円、定食1050円～など、どれもボリュームがある。DATA☎0980-83-7422 住石垣市新川2376-16 ◷11～20時LO（変動あり） 休日曜 交離島ターミナルから1.8km P5台 MAP折込裏・石垣島南部左上

西部

いしがきしょうてん

石垣商店

島の食材を使うベトナム料理

カフェ風のおしゃれな空間で、島の野菜や豚、牛肉を用いたベトナム料理を味わえる。ココナッツミルク風味の島豚のベトナム角煮ごはん1000円、ベトナムプリン400円などが人気。DATA☎0980-88-2588 住石垣市崎枝239-68 ◷11～16時 休不定休 交離島ターミナルから14km P6台 MAP折込裏B5

石垣市街

せんべろふうど

せんべろ風土

昼から飲める気軽な酒場

飲食複合施設「石垣島ヴィレッジ」1階。ドリンク3杯と小鉢1品で1000円のせんべろセットが人気。美崎牛のたたき1100円や近海マグロの刺身450円などの一品も充実。DATA☎0980-87-0799 住石垣市美崎町8-9 ◷14時～23時30分LO 休不定休 交離島ターミナルから200m Pなし MAP折込裏・石垣タウン中央

石垣市街

いしがきじまよいしょっ

石垣島酔い処っ

アツアツの島かまぼこで乾杯！

「石垣島ヴィレッジ」の2階にある。魚のすり身を揚げたふわふわの八重山かまぼこが名物で、おまかせ盛り合わせ大1100円。DATA☎0980-87-0856 住石垣市美崎町8-9 石垣島ヴィレッジ2階 ◷18時～翌1時 休不定休 交離島ターミナルから200m Pなし MAP折込裏・石垣タウン中央

石垣市街

しゅこうや めいてい
酒肴屋 迷亭

創作料理を泡盛とともに

石垣牛を黒ビールで煮込み、沖縄味噌とブラウンルーを合わせた迷亭風牛煮込み1100円や、黒糖や泡盛を使ったタレでスパイシーに仕上げた手羽先から揚げ1本165円など、お酒に合う料理が充実。請福オーク660円（グラス）など泡盛も豊富。DATA☎0980-87-0880 住石垣市石垣6-2 ⏰18～22時LO 休月曜、不定休 交離島ターミナルから600m Pなし MAP折込裏・石垣島南部中央

石垣市街

まーみやかまぼこほんてん
マーミヤかまぼこ本店

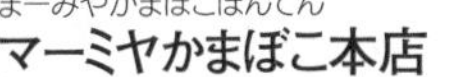

島民に愛される伝統の逸品

昭和20年（1945）創業。全国蒲鉾品評会で農林水産大臣賞を2度受賞した老舗。注目の人気商品はにんにくたらし揚げ350g1080円。ほか、棒状に揚げたマルーグヮー8本1080円、ゴボウやニンジンの入ったたらし揚げ350g1080円などが定番。DATA☎0980-82-3363 住石垣市新川8 ⏰9～17時 休無休 交離島ターミナルから800m P5台 MAP折込裏・石垣島南部中央

石垣市街

ふぁーまーずまーけっと やえやま ゆらてぃくいちば
ファーマーズマーケット やえやま ゆらてぃく市場

島フルーツや特産品が揃う

JA直営の農産物販売店。新鮮な島内産のフルーツや野菜が揃う。島の特産加工品など、おみやげに適した商品も豊富だ。購入した商品の発送可。DATA☎0980-88-5300 住石垣市新栄町1-2 JA八重山支店構内 ⏰9～19時 休旧盆最終日 交離島ターミナルから650m P61台 MAP折込裏・石垣島左下

石垣市街

ばななかふぇ
Banana Café

島素材を使った料理&カクテル

昼は紅茶や中国茶、夜はアルコールのカフェ&バー。地元素材を用いたメニューが多く、石垣島産"もろみ豚"の濃厚ミートソース1000円や泡盛のカクテル・島サーファー1300円など。島ばななケーキ850円もおすすめ。DATA☎0980-88-7690 住石垣市大川269-8-1階 ⏰12時～翌0時（土・日曜、祝日は14時～）休無休 交離島ターミナルから650m Pなし MAP折込裏・石垣タウン中央

石垣市街

ななさんまるこーと
730COURT

グルメや買い物を楽しめる

市街中心部の730交差点前にある複合施設。グルメ、ファッションとさまざまなジャンルの店舗が12軒揃っている（2024年4月現在）。グルメは焼肉、ファッションは人気のアウトドアブランドなど。店によっては石垣島限定のアイテムもあるので、みやげ探しにもおすすめだ。DATA☎代表番号なし 住石垣市大川1 交離島ターミナルから500m ⏰休店舗により異なる Pなし MAP折込裏・石垣タウン中央

離島ターミナルから徒歩５分と便利な立地

3階「炭焼肉 石田屋。石垣店」では石垣牛などを提供

column

石垣市街はまずこちらへ。「ユーグレナモール」

公設市場を中心に100以上の店が集まる商店街。食材からみやげまでなんでも揃う。

いしがきじまきっず
石垣島キッズ

石垣牛を用いたメニューが好評

自家製ダレで味付けして、香ばしく炙った肉がのる石垣牛のあぶり丼1500円が一番人気。石垣牛のタコライス1200円やコロッケ丼700円。DATA☎0980-83-8671 住石垣市大川203-1 ⏰12～14時LO、18～20時LO 休不定休 交離島ターミナルから650m Pなし MAP折込裏・石垣タウン中央

いしがきしこうせついちば
石垣市公設市場

食材から特産品まで大集合

1階は小売店と9店舗の飲食店が並ぶフードコート、2階は、お菓子から民芸品など特産品が揃う、石垣市特産品販売センター（☞P49）。DATA☎0980-88-8634（管理事務所）住石垣市大川208 ⏰9～20時（生鮮売場）休第2・4日曜 交離島ターミナルから650m Pなし MAP折込裏・石垣タウン中央

ゆーぐれな・がーでん
ユーグレナ・ガーデン

地産地消の島イタリアン

「とうふの比嘉」の豆乳入り焼き立てパンセット1100円～や自家製ローストビーフが名物。ワインも充実。DATA☎0980-87-5711 住石垣市大川270-2 ⏰9時～閉店時間は要問合わせ 休不定休 交離島ターミナルから650m Pなし MAP折込裏・石垣タウン中央

町を歩くと、「石敢當」（いしがんとう）と書かれた魔除けの石板が随所に見られます。シーサー以外にもいろんな魔除けがあるんです。

石垣島生まれのスパイスはお料理の味を引き立てます

島で生まれたスパイスは、普段の料理にも合います。いつもの料理を南国の味にしてみましょう。

石垣の塩

通常の食塩より少し粒子が大きく、水分が多め。ほんのり甘みがあるため、料理に奥行きを出しやすい。

❖どうやって作るの？

石垣島の沖合1.5㎞、深さ20mの海底から海水を汲み上げ、じっくり3日間煮詰める。海水以外は何も加えない。

❖どんな料理に合うの？

塩の味が分かりやすいおにぎりで試してみるのがおすすめ。焼き魚、天ぷらなどにも適している。塩自体にコクがあるので、煮物に深みを与えたいときに使うのも◎。

\おすすめ商品はコチラです/

石垣の塩
180g 734円
一番オーソドックスな製法で作られた定番商品 A

石垣の塩（焼塩）
95g 594円
「石垣の塩」をさらに焙煎し、サラサラにしたもの B

ウコン

沖縄でうっちんともよばれる、ショウガ科の多年草。複数種類があるが、いわゆるウコンは秋ウコンを指す。

❖どうやって作るの？

栽培して約1年経ったウコンを収穫し、水洗い。その後、根をスライスして乾燥させ殺菌、粉砕などを行い粉末にする。

❖どんな料理に合うの？

秋ウコンは別名ターメリック。カレーにスパイスとして入れるとコクが増す。ご飯を炊くときに加えてもスープに入れても味のアクセントになる。

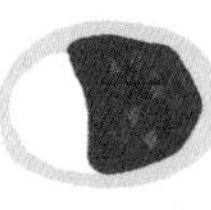

\おすすめ商品はコチラです/

スーパーMIXウコン
5300円
春・秋・紫と3種のウコンをミックスした粉末 C

秋うこん茶 430円
苦みが比較的少なく、オレンジがかった色が特徴の秋ウコンを使用 D

ピパーチ

ヒハツモドキという植物の実から作られる香辛料で、島胡椒ともよばれる。ほんのりと甘い香りが特徴。

❖どうやって作るの？

熟す前のオレンジ色の実を収穫し、蒸して軟らかくなったら、乾燥させる。充分に乾いたら、粉末状にして完成。

❖どんな料理に合うの？

八重山そばに欠かせない調味料だが、胡椒代わりに野菜炒めに使っても、少し変わった風味が楽しめる。シナモンに香りが似ているので、コーヒーに入れてもいい。

\おすすめ商品はコチラです/

ピパーチ 658円
ピパーチの味は基本的にはあまり差がないが、こちらは粒子が細かい E

ヒバーチ 540円
粗挽きタイプ。「ピパーチ」「ピパーツ」など、名称は数種類ある F

\ココで買えます/

石垣市街
いしがきしとくさんひんはんばいせんたー
石垣市特産品販売センター A B C D E F

石垣島の特産品がズラリと並ぶ。お菓子や調味料、泡盛、島コスメ、民芸品などと、品数も豊富。
DATA ☞P49

石垣市街
まっくすばりゅやいま
マックスバリュやいま A B E

地元の人が利用するスーパー。定番商品を販売。☎0980-83-2829 住石垣市真栄里292-1 ⏰24時間 休無休 交離島ターミナルから3.8㎞ P290台 MAP折込裏・石垣島南部右下

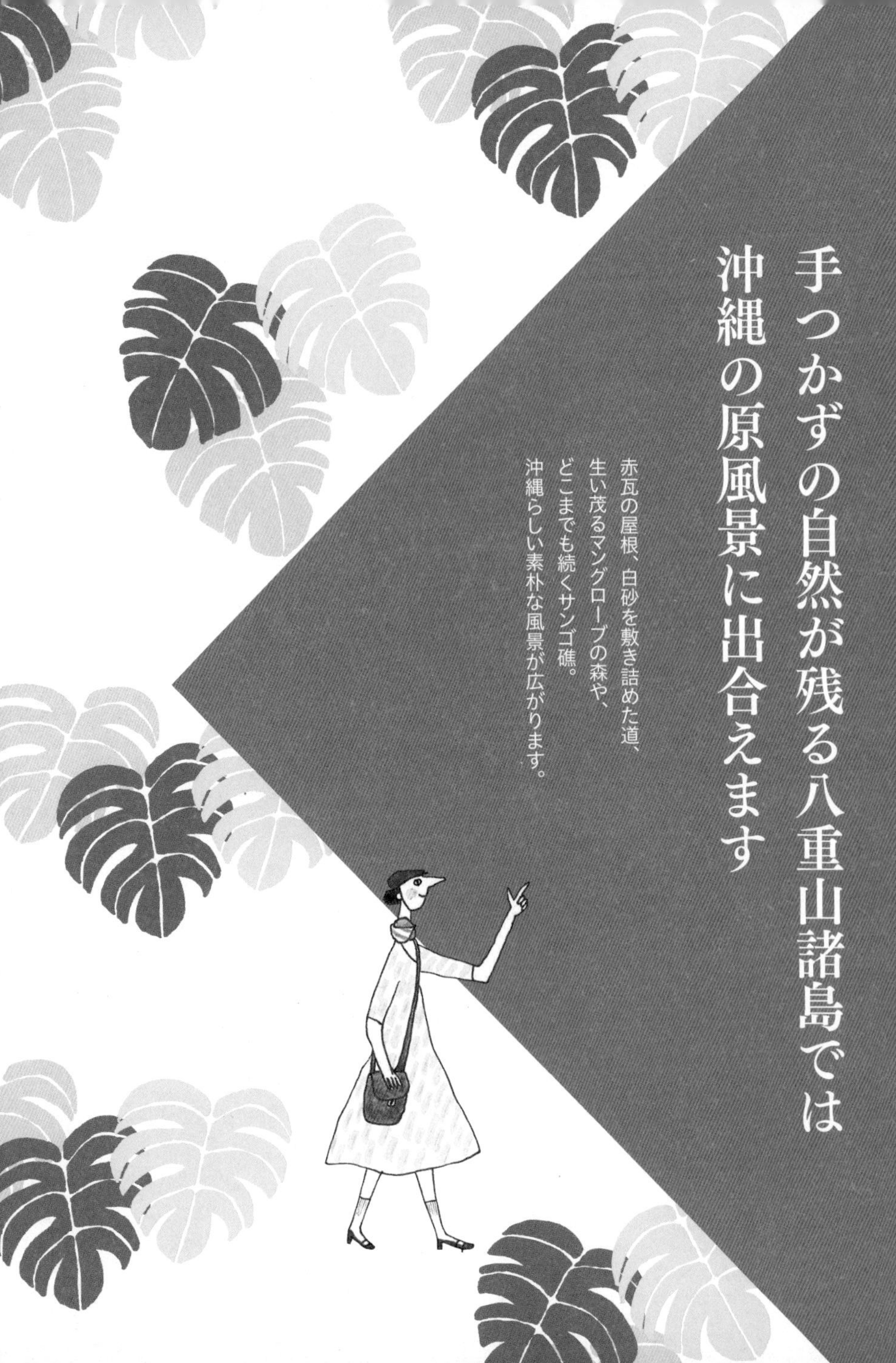

手つかずの自然が残る八重山諸島では沖縄の原風景に出合えます

赤瓦の屋根、白砂を敷き詰めた道、生い茂るマングローブの森や、どこまでも続くサンゴ礁。沖縄らしい素朴な風景が広がります。

やえやましょとう
八重山諸島ってこんなところ

石垣島を中心とした11島には、それぞれに個性あふれる文化や自然が育まれています。

 八重山諸島とは？

石垣島をはじめ、竹富島(たけとみじま)、小浜島(こはまじま)、黒島(くろしま)、新城島(あらぐすくじま)、西表島(いりおもてじま)、由布島(ゆぶじま)、鳩間島(はとまじま)、波照間島(はてるまじま)、加屋真島(かやまじま)、与那国島(よなぐにじま)の、11の有人島と周辺の無人島から成り、台湾までわずか約110～280㎞の距離に位置。島々を結ぶ空と海の玄関口である石垣島、亜熱帯林に覆われた西表島、赤瓦家屋が立ち並ぶ竹富島、最西端の与那国島など、個性と変化に富んだ島々で、独自の伝統文化や自然が楽しめます。

 観光の前に情報集め

各島の最新情報は地元の観光協会から。特に祭祀の日程は年ごとに変わることも多いので、出かける前に確認しておきましょう。

問合せ 石垣市観光交流協会 ☎0980-82-2809
問合せ 竹富町観光協会 ☎0980-82-5445
問合せ 与那国町観光協会 ☎0980-87-2402

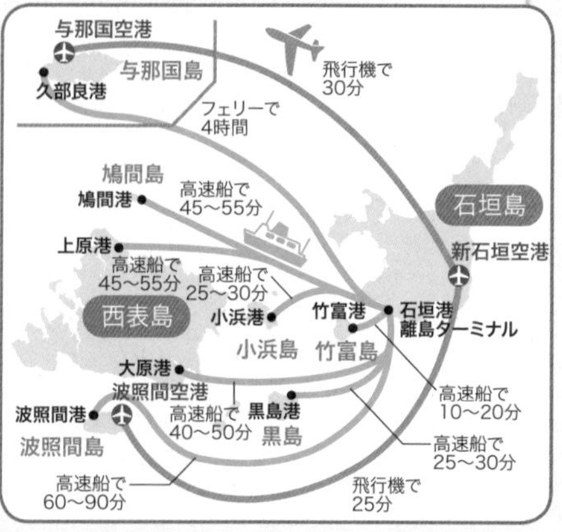

いしがきじま
石垣島
面積 222.24㎢

・・・P20

八重山諸島のメインアイランド。市街地では繁華街の賑やかさ、郊外では山や海の自然を満喫。

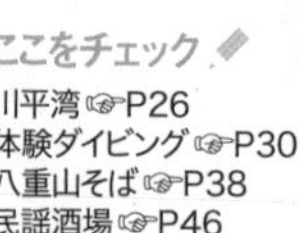

ここをチェック
川平湾☞P26
体験ダイビング☞P30
八重山そば☞P38
民謡酒場☞P46

よなぐにじま
与那国島
面積 28.96㎢

・・・P88

台湾までわずか約111㎞の位置にある島。海底遺跡やヨナグニウマのいる牧場、荒々しい海岸風景が印象的。

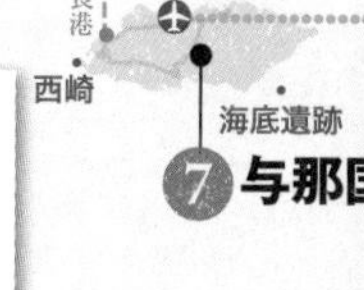

ここをチェック
海底遺跡☞P89
与那国馬風う牧場☞P89
西崎・日本最西端の碑☞P89

はてるまじま
波照間島
面積 12.73㎢

・・・P86

石垣島の南西約54㎞に浮かぶ島。南十字星など、星空を観測するには絶好のロケーション。白砂のビーチも人気。

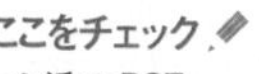

ここをチェック
ニシ浜☞P87
高那崎・日本最南端之碑☞P87

ここをチェック
なごみの塔 ☞P66
コンドイ浜 ☞P67
水牛車 ☞P68

たけとみじま
竹富島 ②
面積 5.43㎢

・・・P64

赤瓦屋根の民家が並び、沖縄の原風景が今も息づく。水牛車やレンタサイクルでの観光が楽しい。

はとまじま
鳩間島

八重山屈指のサンゴ環礁でシュノーケリング三昧(☞P78)。

こはまじま
小浜島 ③
面積 7.86㎢

・・・P82

サトウキビ畑が広がるのどかな島。小高い丘から青い海を望める。大型リゾートやゴルフ場もある。

ここをチェック
大岳 ☞P83
海人公園 ☞P83
シュガーロード ☞P83

石垣島 ①
川平湾
於茂登岳
390
新石垣空港
(南ぬ島石垣空港)
石垣港離島ターミナル
石垣港
羽田・関西国際・那覇空港へ
宮古空港へ
N
鳩間島
鳩間港
西表島 ④
上原港
バラス島
ピナイサーラの滝
テドウ山
古見岳
イダの浜
由布島
御座岳
大原港
小浜港
コンドイ浜
竹富東港
③ 小浜島
② 竹富島
黒島港
黒島研究所
⑤ 黒島
新城島
波照間港
ニシ浜
高那崎
波照間島 ⑥

いりおもてじま
西表島 ④
面積 289.61㎢

・・・P70

県内では沖縄本島の次に広い島で、面積の約9割が亜熱帯の森。山・海・川のアクティビティが盛ん。

あらぐすくじま(ぱなりじま)
新城島(パナリ島)

上地島(かみちじま)と下地島(しもぢじま)の離れた2島から成り、パナリ島ともよばれる。島の神が降臨する地・御嶽(うたき)が多い神聖な島なので、ツアー範囲は上地島の港周辺のみ。

ここをチェック
由布島 ☞P74
仲間川のマングローブクルーズ ☞P76
バラス島～鳩間島ツアー ☞P78
島グルメ ☞P80

くろしま
黒島 ⑤
面積 10.02㎢

・・・P84

ハート型をした小さな島。牛がのんびり草を食む牧場、アオウミガメも産卵にくる静かな浜が魅力。

ここをチェック
伊古桟橋 ☞P85
黒島灯台 ☞P85
黒島研究所 ☞P85

新城島(パナリ島)は、八重山諸島で唯一、定期航路のない有人島。安栄観光(☞P62)が4～9月限定でツアーを催行しています。

八重山諸島への玄関口は石垣港離島ターミナルです

各離島への船はここから出発。船会社や旅行代理店の窓口があり、島巡りのツアーも揃っているので、要チェックです。

石垣市街

いしがきこうりとうたーみなる

石垣港離島ターミナル
(ユーグレナ石垣港離島ターミナル)

離島巡りの準備はココで

待合室には旅の情報施設や飲食店、雑貨店もある。乗船券はすべて当日販売。離島巡りツアーは予約がベター。

住 石垣市美崎町1 🕒 船会社により異なる 休 無休 P 516台(1時間100円、20時～翌8時は1時間50円) 交 新石垣空港から15km MAP 折込裏・石垣島南部左下

新石垣空港からのアクセス

路線バス
「空港線」で約30～39分、「石垣港離島ターミナル」下車。500～540円。約30分間隔で運行している。

タクシー
到着ロビー前のタクシー乗り場から約30分。3400円～。初乗り運賃500円～と、利用しやすい価格。

レンタカー
空港ターミナル1階にレンタカー案内所がある。レンタカーを借りた後、離島ターミナル前の駐車場へ。

乗船券、ツアーはこちらへ

フリー乗船なら

乗船券購入
船会社の窓口で購入。往復だと割安に
↓
乗り場確認
複数あるので事前に確認し、船を待とう
↓
桟橋で乗船

ツアーなら

旅行会社へ
目的地を決め、窓口で相談を。一部要予約
↓
プラン検討
添乗員・現地係員、食事の有無など確認
↓
ツアーに出発

乗船券・ツアー

あんえいかんこう

安栄観光

ほぼすべての離島への定期航路がある。各離島への日帰りツアーも数多く実施している。

☎0980-83-0055 🕒6～20時 休 無休

乗船券・ツアー

やえやまかんこうふぇりー

八重山観光フェリー

ほぼすべての離島への定期航路を運営している。

☎0980-82-5010 🕒7時～18時30分 休 無休

ツアー

いしがきじまどりーむかんこう

石垣島ドリーム観光

石垣島を拠点にした離島周遊やアクティビティのツアーを催行。

☎0980-84-3178 🕒7～18時 休 無休

いしがきじま ほしのうみぷらねたりうむ
いしがき島 星ノ海プラネタリウム

ターミナル内にある日本最南端の傾斜型投映式プラネタリウム。八重山諸島の星空や自然、宇宙についてなどのプログラムを4Kの映像で投映する。

☎0980-87-9945 ¥1200円 🕒10時30分～18時 休火・水曜

荷物預かりを利用しよう！

コインロッカーのほか、荷物預かり所も。平田観光の場合、1個300円（離島巡りツアー参加時は無料）。

☎0980-82-6711 🕒8～17時 休無休

さぬふぁ いしがきりとうたーみなるてん
Sanufa 石垣離島ターミナル店

石垣近海の生マグロ胡麻醤油丼1000円や塩軟骨ソーキそば750円などの軽食、冷たいスイーツやドリンク類が揃う。

☎090-5471-8748 🕒11～16時 休不定休

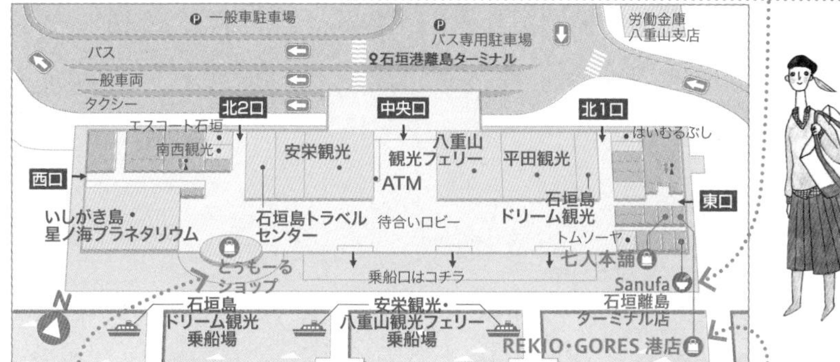

とぅもーるしょっぷ
とぅもーるショップ

弁当、ドリンク、お菓子のほか、日焼け止め、島ぞうりやTシャツなども販売。

☎0980-88-1600 🕒7～18時 休不定休

れきお・ごーれす みなとてん
REKIO・GORES 港店

島旅にぴったりの、海や自然をモチーフにしたプリントTシャツ2750円～がずらり。

☎0980-88-6873 🕒7時30分～17時(変動あり) 休無休

おすすめ日帰りツアー

竹富島＊水牛車コース

料金:4500円～ 所要時間:フリータイム

竹富島で水牛車に乗り集落内を周遊。往復の出航時刻は選択可能。1名～催行。〈料金に含むもの〉高速船、水牛車。

平田観光☎0980-82-6711 🕒8～17時 休無休

石垣港 ▶ 竹富島 ▶ 水牛車観光 ▶ フリータイム ▶ 石垣港

西表島・由布島・竹富島 3島めぐり

（いりおもてじま・ゆぶじま・たけとみじま）

料金:1万6300円 所要時間:8時間～9.5時間

人気の3島をめぐる。1名～催行。〈料金に含むもの〉高速船、仲間川クルーズ、由布島入園、昼食、西表島でのバス。

石垣島トラベルセンター☎0980-83-8881 🕒7時30分～18時 休無休

石垣港 ▶ 西表島 ▶ 仲間川クルーズ ▶ 由布島（昼食） ▶ 竹富島（フリータイム） ▶ 石垣港

西表島カヌー&トレッキングで行く「サンガラの滝」コース

料金:1万8200円～ 所要時間:8時間

サンガラの滝の裏に入れる。1名～催行。〈料金に含むもの〉高速船、カヌーツアー、昼食、ガイド代。

平田観光☎0980-82-6711 🕒8時～17時 休無休

石垣港 ▶ 西表島 ▶ マングローブカヌー ▶ ジャングルトレッキング ▶ サンガラの滝（昼食） ▶ 石垣港

離島ターミナル中央口にある銀行のATM（🕒平日8～21時）。各離島には郵便局しかないので、ここでお金をおろしておくと安心です。

これしよう！
水牛車でスローに町並み巡り
集落内をのんびり行く水牛車から景色を堪能。(☞P68)

これしよう！
美しい景色と出会うサイクリング
赤瓦の家が並ぶ集落や海辺をゆっくり走ろう。(☞P66)

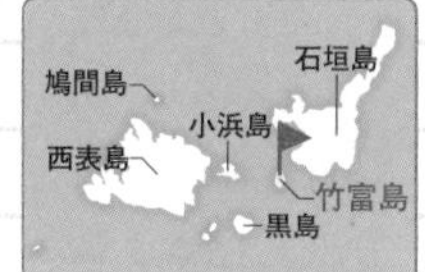

これしよう！
コンドイ浜で海水浴
遠浅で白砂のビーチは海水浴に絶好のポイント。(☞P67)

沖縄の原風景と出会う
竹富島
たけとみじま

アトリエ 五香屋（☞P67）の陶芸作品

赤瓦屋根の美しい集落や水牛車、八重山屈指の白砂のビーチなどみどころが多い。石垣島から手軽に日帰りもできるが、夕方や夜の雰囲気を楽しむなら宿泊を。自転車で外周道路を一周して30分程度なので、のんびりと散策したい。島では伝統文化が大切に受け継がれており、水牛車での解説や、散策型のツアーで学びながら観光しよう。

島への交通

石垣港離島ターミナル → 高速船 約10分 片道880円 → 竹富港

竹富島はココにあります！

鳩間島　石垣島　小浜島　西表島　竹富島　黒島

シーサーウォッチング！
魔除けのシーサーは家ごとに表情が違います

レンタサイクルはこちらで

港に各店の送迎車が待機している。2時間1000円〜、1日2000円〜。

丸八レンタサイクル
☎なし MAP P65C4
友利観光
☎0980-85-2335 MAP P65C4
竹富観光センター
☎0980-85-2998 MAP P65B4
新田観光
☎0980-85-2103 MAP P65A3

島の回り方

集落内は徒歩でも回れるが、島を周遊するならレンタサイクルが一番。港と集落・ビーチを往復するバスも出る。港にはレンタサイクル、水牛車、宿の送迎車が待機し、帰路の送迎もある（一部施設は往路のみ）。

徒歩	レンタサイクル	レンタバイク
○	◎	×
タクシー(貸切)	バス	レンタカー
○	○	×

◎おすすめ！ ○快適 △不便 ×なし

問合先

竹富町観光協会
☎0980-82-5445

～竹富島MAP～

種子取祭の時期は大変賑わい、島の宿泊施設は満室に。祭りの日程は毎年変わるので、観光協会で確認しておきましょう。

原色の風景に出合えます 竹富島、爽快サイクリング

所要 6〜8時間

周囲は約9.2km、ほぼ平坦な地形の竹富島は、自転車で回るのにぴったり。ランチの八重山そばにはピパーチ（島胡椒）を利かせましょう。

周囲には沖縄の原風景ともいえる景色が広がる

1 集落をSTART

港から送迎車で5分

なごみのとう なごみの塔

赤瓦集落のランドマーク

島の中心部にある物見台（現在は老朽化のため上ることはできない）。周辺には昔ながらの赤瓦家屋が軒を連ねる。

☎0980-82-5445（竹富町観光協会）住 竹富町竹富 ¥ 無料 🕒 見学自由 交 竹富港から1.2km MAP P65B3

赤瓦屋根にシーサー発見！

自転車で約10分

自転車で約5分

2

そばどころ たけのこ そば処 竹の子

ランチは人気の八重山そば

豚骨と鶏ガラでダシをとったスープは、あっさりとしていながら滋味豊か。自家製のピパーチ（島胡椒）をかけて食べると、また違った味わいが。豚肉が入った炊き込みご飯のジューシー300円もおすすめ。

☎0980-85-2251 住 竹富町竹富101-1 🕒 10時30分〜15時、18時30分〜20時30分LO(そばは売切れ次第終了) 休 不定休 交 竹富港から1.4km MAP P65A3

八重山そば800円。小は700円

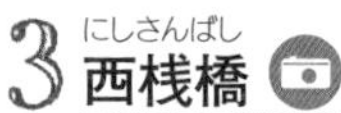

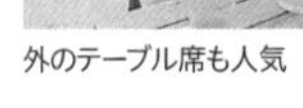

外のテーブル席も人気

自転車で約10分

3

にしさんばし 西桟橋

海の真ん中に立った気分

海に向かって約105m張り出した桟橋は、国の登録有形文化財。キラキラと光る海の青さが際だつのは日中、特に午前中。夕日の景色を満喫するなら日没直前の、18時（夏期は19時30分）ごろがいい。

☎0980-82-5445（竹富町観光協会）住 竹富町竹富 ¥ 無料 🕒 見学自由 交 竹富港から1.8km MAP P65B1

かつては西表島からの船の荷揚げ桟橋だった

グラスボートで所要30分の海中さんぽ

竹富島沖のサンゴ礁と熱帯魚を、船底のガラス窓から観察できる遊覧船。☎0980-85-2998（竹富観光センターグラスボート）¥乗船3000円 🕒9時～15時20分（変動あり）休荒天時 MAP P65B1

パラソルのレンタル（有料）もある

4 コンドイ浜（こんどいはま）

八重山屈指の白砂ビーチ

八重山でも指折りの白砂ビーチ。潮が引くと、数百m沖合に砂浜が浮かび上がり、青い海と白い砂浜のコントラストがみごと。遠浅で、海水浴に適している。更衣室、トイレを無料で完備。

☎0980-82-5445（竹富町観光協会）住竹富町竹富 ¥無料 🕒散策自由 交竹富港から2.5km MAP P65B2

さらさらの砂の上を素足で歩くのも気持ちがいい

自転車で約5分

潮騒をBGMに、のんびりと過ごしたい

自転車で約10分

5 カイジ浜（かいじはま）

自分で見つけた星砂は、忘れられない思い出になる

星の砂を探してみよう

別名、星砂の浜。波打ち際で星や太陽の形をした2㎜ほどの砂を見つけることができる。潮流が速いので、遊泳はできない。木陰が広がり、サイクリングの休憩に適している。

☎0980-82-5445（竹富町観光協会）住竹富町竹富 ¥無料 🕒入場自由 交竹富港から2.8km MAP P65A2

6 アトリエ 五香屋（あとりえ ごこうや）

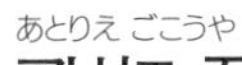

島モチーフの器が素敵

島の踊りや自然をテーマにした作品を製作・販売する窯元。素朴で力強い風合いが南国らしい。自分だけのシーサーを作れる陶シーサー作り（4400円～。完成品は着払いで発送、9時30分～所要約1時間、前日までに要予約）も実施している。

味わいのある模様のお皿1万6800円～（手前）

☎0980-85-2833 住竹富町竹富1478-1 🕒10～17時（昼休憩あり）休島の祭祀や行事日 交竹富港から1.5km MAP P65B2

自転車で約10分

港へ送迎車で5分

集落でGOAL

7 ぱーらー願寿屋（ぱーらーがんじゅや）

ゴールのご褒美はスイーツ

民家の庭先や店内で、南国テイストあふれるスイーツを満喫。マンゴージュース700円、バナナスムージー800円や、紅芋のアイスやチップがトッピングされた、うちなーサンデー800円をぜひ。赤瓦家屋の島宿も併設。

☎0980-85-2211 住竹富町竹富2279-1 🕒11時～16時30分 休不定休 交竹富港から800m MAP P65C3

南国パフェ800円、ゴーヤMixジュース600円（手前）

竹富港の待合所内にあるてぇどぅんかりゆし館（MAP P65B1）では、雑貨や調味料などの島みやげを購入できます。

水牛車で島をの～んびりめぐって島時間をたっぷり満喫しましょう

昔ながらの赤瓦集落を、のんびり島時間で巡るミニツアー。
利口でたのもしい水牛にこころ癒やされます。

南国の花が咲き誇る道を行く

たけとみかんこうせんたー

竹富観光センター

ガイドの案内を聞きながら水牛車で集落をひと巡り

水牛車による周遊ツアーを催行。昔ながらの風情が残る集落内を、20～30分かけてのんびりと巡る。事前予約はできないので注意。

☎0980-85-2998 住竹富町竹富441 ¥水牛車観光3000円 ◷9時～16時30分(水牛車の出発は9時頃～15時30分頃) 休無休(臨時休業はHPで要確認) 交竹富港から1.2km MAP P65B4

＼こんな行程です／

所要約20-30分

受付で申込みをして順番を待つ

↓

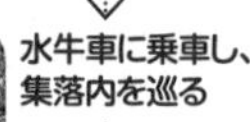

水牛車に乗車し、集落内を巡る

↓

2階建て赤瓦家屋の前を通過

↓

乗り場に戻る

屋根の上のシーサーに注目！

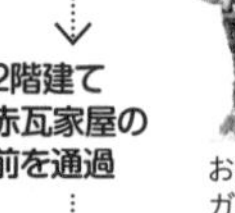

お魚をくわえたガチマヤー（方言で食いしん坊）なシーサーを発見

強い目力と鋭い牙でしっかりと魔除けをしてくれそうなタイプ

シーサーは雄と雌が対になっていて、口を開けている方が雄とされる

竹富島の赤瓦屋根の集落 景観保護に取り組んでいます

**竹富島の赤瓦屋根の集落は、八重山を象徴する風景。
国の「重要伝統的建造物群保存地区」に選定され、
島人の故郷を愛する心によって守られています。**

竹富島特有の町並みを守る

美しい景観の裏側にある島民たちの努力。そこにははるか昔から培われてきた、高い「うつぐみ」(共同体)の精神が息づいている。

島の中心部にある3つの集落、アイノタ(東集落)、インノタ(西集落)、ナージ(仲筋集落)は、地域的特色を顕著に示しているとして、1987年に国の重要伝統的建造物群保存地区に選定された。長く伝わる独特の造りの屋敷は、周囲の豊かな自然と融け合い、八重山諸島の中でも屈指の美景となっている。この景観を守るため、自治組織「地縁団体法人竹富公民館」は「竹富島憲章」を制定した。新築する際は平屋の赤瓦屋根を推奨し、美しい道を維持するためビーチから白砂を運んで補修するなどの協定を決め、古琉球の様式を受け継ぐ集落の景観保存に取り組んでいる。そうした島民の努力に敬意をもって集落を歩いてみたら、さらに美しく見える。

「保存建造物」に指定された赤瓦の家屋

赤瓦家屋の特徴

強風から家を守るため、周囲をグック(サンゴの石垣)で囲み、白い漆喰で固められた方形の赤瓦屋根が最大の特徴。その赤白のコントラストが印象的な景観を造り出している。そして台風や火事などの災厄に備えた家の造りは、先人たちの知恵が随所に受け継がれているのだ。基本的にすべて一般の民家であり、島民の生活の場なので立ち入ることはできないが、その間取りをここに紹介しよう。

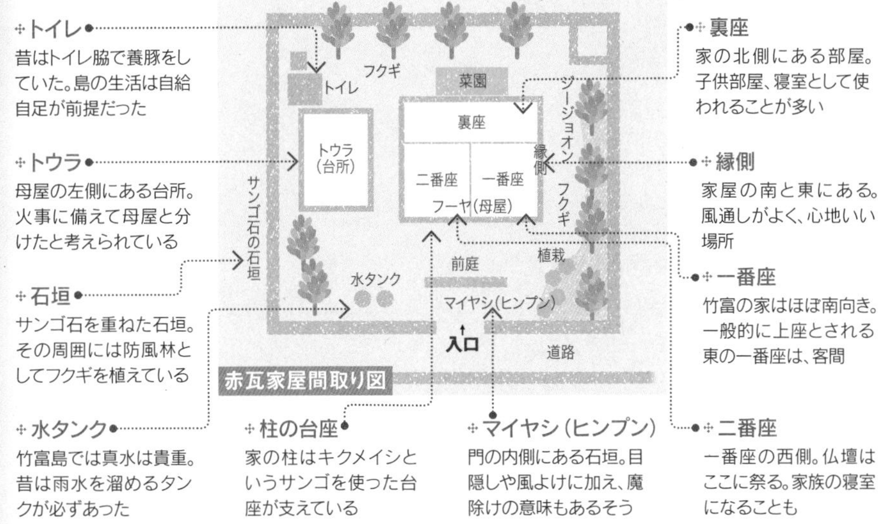

トイレ
昔はトイレ脇で養豚をしていた。島の生活は自給自足が前提だった

トウラ
母屋の左側にある台所。火事に備えて母屋と分けたと考えられている

石垣
サンゴ石を重ねた石垣。その周囲には防風林としてフクギを植えている

水タンク
竹富島では真水は貴重。昔は雨水を溜めるタンクが必ずあった

柱の台座
家の柱はキクメイシというサンゴを使った台座が支えている

マイヤシ(ヒンプン)
門の内側にある石垣。目隠しや風よけに加え、魔除けの意味もあるそう

裏座
家の北側にある部屋。子供部屋、寝室として使われることが多い

縁側
家屋の南と東にある。風通しがよく、心地いい場所

一番座
竹富の家はほぼ南向き。一般的に上座とされる東の一番座は、客間

二番座
一番座の西側。仏壇はここに祭る。家族の寝室になることも

監修　NPOたきどぅん

これしよう！
水牛車で海を渡り由布島へ
島時間に癒やされる西表島随一の人気ツアー。
(☞P74)

これしよう！
バラス島でシュノーケリング
サンゴでできた真っ白な小島で魚と戯れてみよう。
(☞P78)

これしよう！
遊覧船でラクラク亜熱帯の森へ
マングローブを遡るジャングルクルーズで島探検。
(☞P76)

東洋のガラパゴス

西表島

いりおもてじま

うめ工房（☞P71欄外）のアカショウビン900円～

西表島はココにあります！

鳩間島
石垣島
小浜島
西表島
竹富島
黒島

世界遺産に登録され、島の約90％を亜熱帯の原生林が占める秘境の島。イリオモテヤマネコをはじめとする固有の野生動物が生息することから、「東洋のガラパゴス」ともいわれている。神秘の滝やマングローブの森、サンゴ礁の海を舞台にしたツアーも多彩だ。アクセスは、東部の大原港と西部の上原港。

島への交通

石垣港離島ターミナル → 高速船 約45分 片道2990円 → 上原港

ここに行ける
- ピナイサーラの滝
- バラス島
- 浦内川

上原港 ⇔ 大原港：🚗35㎞ 約40分

石垣港離島ターミナル → 高速船 約40分 片道2290円 → 大原港

ここに行ける
- 仲間川
- 由布島
- 西表野生生物保護センター

島の回り方

八重山諸島最大の島では車での移動がベスト。レンタカーは上原港、大原港どちらでも借りられ、事前予約すれば港への送迎もある。旅行会社のツアー（☞P62）なら移動手段もセットされているので便利。上原港への便は冬期欠航も多く、その際は、大原～上原間に船会社のバスが出る。

徒歩	レンタサイクル	レンタバイク
△	×	○
タクシー	バス	レンタカー
×	△	◎

◎おすすめ！ ○快適 △不便 ×なし

ℹ問合先

竹富町観光協会
☎0980-82-5445

~西表島のアクティビティ~

観光のヒント

出会いがしらの事故に注意！

島のメイン県道215号は、森の中を抜けるため、希少な野生動物が横切ることもあります。運転するなら注意深く。

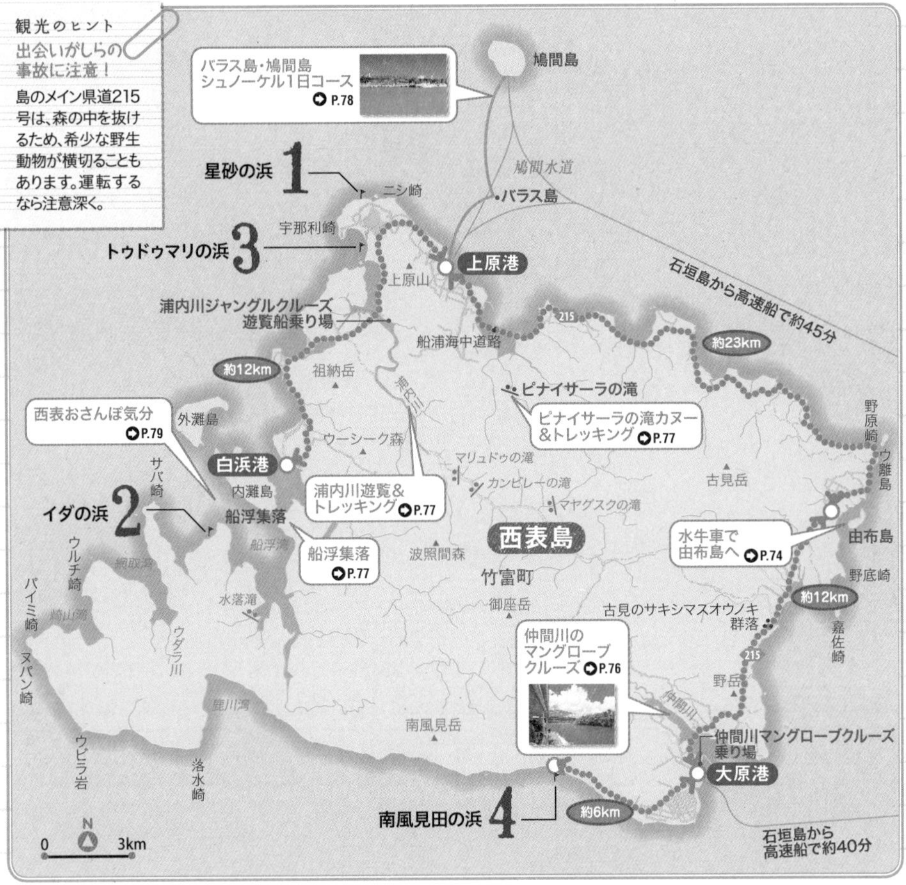

バラス島・鳩間島シュノーケル1日コース P.78

鳩間島
鳩間水道
バラス島
星砂の浜 1
ニシ崎
トゥドゥマリの浜 3
宇那利崎
上原港
上原山
石垣島から高速船で約45分
浦内川ジャングルクルーズ遊覧船乗り場
船浦海中道路
215
約23km
約12km
祖納岳
ピナイサーラの滝
西表おさんぽ気分 P.79
外離島
ピナイサーラの滝カヌー&トレッキング P.77
野原崎
ウーシーク森
白浜港
サバ崎
マリュドゥの滝
ウ離島
内離島
カンピレーの滝
古見岳
浦内川遊覧&トレッキング P.77
イダの浜 2
船浮集落
マヤグスクの滝
西表島
由布島
水牛車で由布島へ P.74
船浮集落 P.77
波照間森
ウルチ崎
網取湾
船浮湾
竹富町
野底崎
パイミ崎
水落滝
御座岳
約12km
崎山湾
古見のサキシマスオウノキ群落
嘉佐崎
ウダラ川
215
仲間川のマングローブクルーズ P.76
ヌパン崎
鹿川湾
野岳
仲間川
南風見岳
仲間川マングローブクルーズ乗り場
ウビラ岩
洛水崎
大原港
南風見田の浜 4
約6km
石垣島から高速船で約40分
N
0 3km

おすすめビーチ

1 星砂の浜（ほしずなのはま）

海水浴やシュノーケリングに最適なビーチ。「星の砂」が拾える。

☎0980-82-5445（竹富町観光協会）住竹富町上原 ◷散策自由 交上原港から4㎞ P20台 MAP P72A4

シャワー トイレ 更衣室 売店

2 イダの浜（いだのはま）

船でしか行けない、船浮集落の隠れ家ビーチ。透明度の高さ抜群。

☎0980-82-5445（竹富町観光協会）住竹富町西表船浮 ◷散策自由 交白浜港から船で10分 MAP P72A2

シャワー トイレ 更衣室 売店

3 トゥドゥマリの浜（とぅどぅまりのはま）

浦内川河口に広がる波静かなビーチ。夕日のビューポイントでもある。別名、月ヶ浜。

☎0980-82-5445（竹富町観光協会）住竹富町上原 ◷散策自由 交上原港から6㎞ MAP P72A4

シャワー トイレ 更衣室 売店

4 南風見田の浜（はえみだのはま）

島の南端に位置する静かなビーチ。浜遊びやビーチコーミング向き。

☎0980-82-5445（竹富町観光協会）住竹富町南風見 ◷散策自由 交大原港から5㎞ MAP P72B3

シャワー トイレ 更衣室 売店

うめ工房（☎0980-85-6957 MAP P72A4）では、山猫、シーサーなどの置き物や民芸品を販売しています。

～西表島MAP～

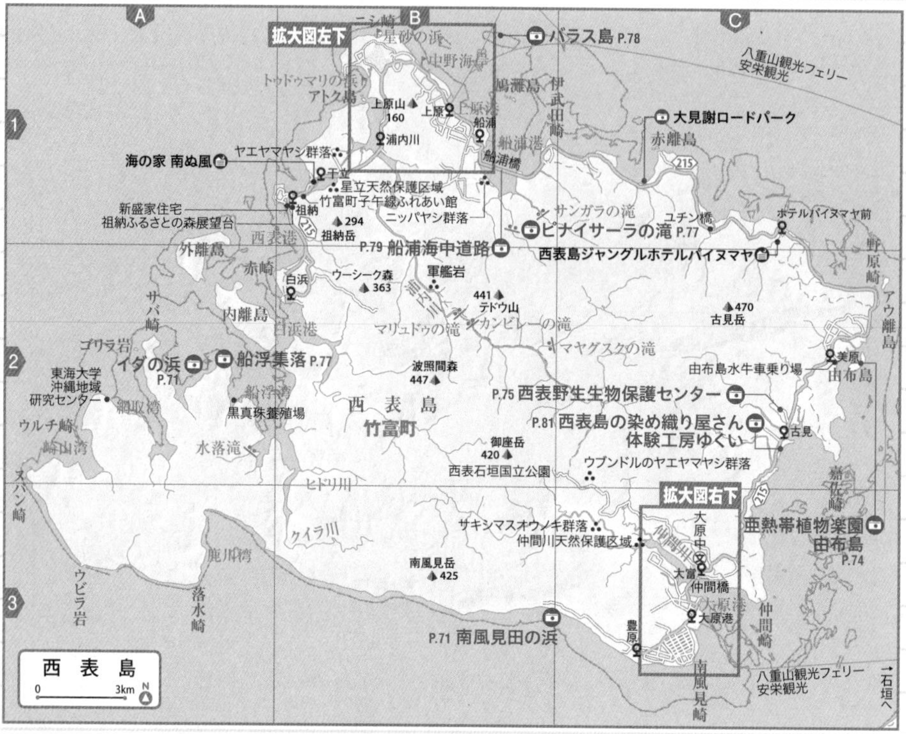

拡大図左下
ニシ崎
星砂の浜
中野海岸
バラス島 P.78
八重山観光フェリー
安栄観光
トゥドゥマリの浜
アトク島
上原山 160
上原
上原港
船浦
浦内川
鳩離島
伊武田崎
大見謝ロードパーク
赤離島
船浦港
船浦橋
海の家 南ぬ風
ヤエヤマヤシ群落
干立
星立天然保護区域
竹富町子午線ふれあい館
祖納
新盛家住宅
祖納ふるさとの森展望台
294
祖納岳
ニッパヤシ群落
サンガラの滝
ピナイサーラの滝 P.77
ユチン橋
ホテルパイヌマヤ前
西表港
外離島
P.79 船浦海中道路
西表島ジャングルホテルパイヌマヤ
野原崎
赤崎
白浜
ウーシーク森 363
軍艦岩
441 テドウ山
470
古見岳
アウ離島
サバ崎
内離島
白浜港
マリュドゥの滝
カンピレーの滝
マヤグスクの滝
ゴリラ岩
イダの浜 P.71
船浮集落 P.77
美原
由布島水牛車乗り場
由布島
東海大学
沖縄地域
研究センター
網取湾
船浮湾
黒真珠養殖場
波照間森 447
西表島
竹富町
P.75 西表野生生物保護センター
P.81 西表島の染め織り屋さん
体験工房ゆくい
古見
ウルチ崎
崎山湾
水落滝
御座岳 420
西表石垣国立公園
ウブンドルのヤエヤマヤシ群落
スバン崎
ヒドリ川
拡大図右下
嘉佐崎
クイラ川
サキシマスオウノキ群落
仲間川天然保護区域
大原中
亜熱帯植物楽園
由布島 P.74
鹿川湾
仲間川
南風見岳 425
大富
仲間橋
ウビラ岩
落水崎
大原港
仲間崎
豊原
P.71 南風見田の浜
南風見崎
八重山観光フェリー
安栄観光
石垣へ
西表島
0 3km

上原～浦内
0 500m
徒歩約7分
西表
おさんぽ気分
P.79
星砂の浜 P.71
ニシ崎
西表島
一隼 P.80
琉球酒菜 くくるくみ P.81
ニライナホリデイズ P.79
住吉
西表ポロロッカ P.79
中野
中野海岸
A PICTURE BOOK
P.81
うめ工房 P.71
マヤグスク・リゾート P.93
琉夏 P.93
santa nu neene
P.81
浦内
西表島サニーデイ P.77
KITCHEN inaba P.80
でんさー節の碑
上原
西表島
エコツーリズムセンター
上原山 160
上原港
星野リゾート 西表島ホテル
P.91
P.81 Laugh La Garden
トゥドゥマリの浜 P.71
船浦
船浦中
西表島モンスーン
P.79
浦内川
浦内橋
浦内川ジャングルクルーズ
（浦内川遊覧船乗り場）P.77
宇多良炭鉱跡
船浦港
船浦橋
浦内川

大原港
0 1km
徒歩約13分
仲間川天然保護区域
鍾乳洞
仲間川
大原中
マングローブ密林
大富
仲間貝塚
仲間橋
P.76 西表島交通
（仲間川のマングローブ
クルーズ乗り場）
大原
東部交通
大原港
大原小
大原港
P.80 泡波と島の味
はてるま
安栄観光
八重山観光フェリー
P.81 クラフト&アートの店
マツリカ
レストラン・バー 字南風見
P.81
豊原
南風見崎
ホテル ラ・ティーダ西表
P.93
石垣へ

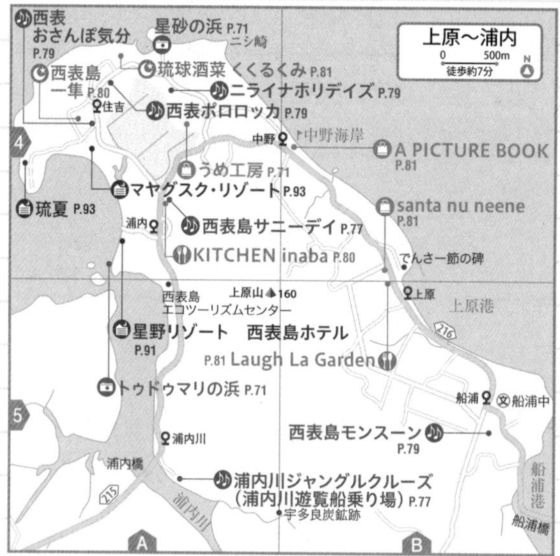

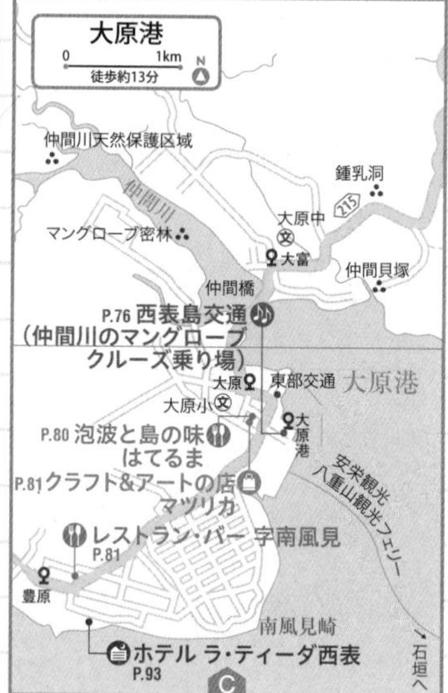

もしかしたら出会えるかも

知れば知るほど旅情深まる 八重山諸島いきもの図鑑

島のあちこちで目にする亜熱帯の植物や動物たち。離島ならではの独自の発達をとげた生態系や文化にふれると、より島が好きになるはず。いくつ出会えるか、この島図鑑を片手にチェックしてみて。

イリオモテヤマネコ

ネコ科ベンガルヤマネコ属。世界中で西表島だけに分布する、国指定特別天然記念物。現在、生息数は約100頭といわれ、残念ながら滅多に見られない。

リュウキュウアカショウビン

カワセミ科ヤマショウビン属。春から夏に飛来する渡り鳥。体長約27cm。茶色がかった赤い羽を広げると、腰に水色の縦線が見える。「キョロロロー」と鳴く。

ヤエヤマヒルギ

ヒルギ科ヤエヤマヒルギ属。河口汽水の森林・マングローブを構成する植物の一種。幹から複数の支柱根を周囲に伸ばしているのは呼吸のため。塩分に耐性がある。

スイギュウ

ウシ科アジアスイギュウ属。標準的な大きさで体長2.7m、重さ1000kgにもなる。水辺を好み、亜熱帯植物楽園由布島（☞P74）では水浴びする姿も。

シロハラクイナ

クイナ科シロハラクイナ属。頭から腹にかけて白いラインが入るのが特徴。畑の周りなどで多く見かけ、親子連れでちょこまかと歩く様子はほほえましい。

アダン

タコノキ科タコノキ属。海岸線に大きな群落を作る。パイナップルのような実が特徴だが、ほとんど食用にはしない。石垣島では新芽を料理することもある。

セマルハコガメ

イシガメ科ハコガメ属。石垣島、西表島に分布し、甲羅は最長20cmほど。驚くと、頭と手足を引っ込め、お腹の甲羅でフタをしてしまうことからハコガメの名がある。

オオゴマダラ

タテハチョウ科オオゴマダラ属。日本最大級の大きさを誇る、開長約13cmの蝶。ふわりふわりとゆっくり飛ぶ姿は優雅で、思わず見とれてしまう。サナギは黄金色。

サガリバナ

サガリバナ科サガリバナ属。国内では、奄美大島以南に分布。西表島のマングローブや川沿いの湿地に多いが、7月の夜に開花し、朝には散ってしまうため幻の花とも。

ホオグロヤモリ

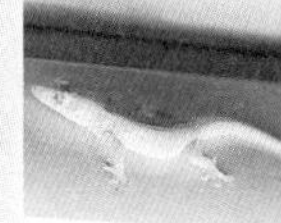

ヤモリ科ヤモリ属。「家守」の字を当て、家の守り神ともいわれる。「チ、チ、チッ」という鳴き声がホテルや民宿の部屋でも聞こえるはず。大きな目がかわいい人気もの。

キノボリトカゲ

アガマ科キノボリトカゲ属。扁平な体は全長約20cm。山林のほか、民家近くでも見かけることがある。木の枝や葉っぱの上を身軽に飛び回る姿が印象的。

カンヒザクラ

バラ科サクラ属。花は濃いピンクで鮮やか。沖縄では、北から南の順に開花し、石垣島のバンナ公園では1月下旬から2月上旬が見頃。民家の庭でも見かける。

カンムリワシ

タカ科カンムリワシ属。国内では、石垣、西表、与那国島に分布する留鳥。約7cmのトサカ状の冠羽が特徴。国の特別天然記念物。電信柱にとまっているのをよく見る。

サキシマヒラタクワガタ

クワガタムシ科ヒラタクワガタ属。大きいものでは全長約8cmにもなる日本最大級のクワガタムシ。大アゴが太く、幅のある体型が特徴。子どもたちに大人気。

デイゴ

マメ科デイゴ属。沖縄の県花。学校の校庭などに多く植えられている。八重山では4月ごろに開花し、青空と濃い朱色のコントラストが目を楽しませてくれる。

※生き物を観察する際は、安全を充分に確認のうえ、むやみに手を触れないようにしましょう。

水牛車で海を渡って由布島へ 西表島観光のハイライトです

目指すのは亜熱帯の花々があふれ、日本最大級の蝶が舞う小島。
南国フルーツのスイーツはぜひ味わってみてください。

潮風が心地いい、海を渡る水牛車

あねったいしょくぶつらくえん ゆぶじま

亜熱帯植物楽園 由布島

水牛車で渡った先には 南国の動植物が！

西表島から約400mのところに位置し、水牛車に揺られて約15分で到着する。周囲約2㎞の小さな島なので、1時間30分ほどでぐるりと一周できる。

☎0980-85-5470 住 竹富町古見689 ¥2000円(往復の水牛車代と由布島の入島料を含む) 🕒9時15分～15時45分最終入島(水牛車は30分ごとに出発、由布島発最終便は16時30分) 休 無休 交 大原港から水牛車乗り場まで12㎞ P 40台 MAP P72C2

こんな行程です

所要 約1時間

旅人の駅 由布島で チケットを購入

↓

水牛車に乗車し、由布島へ渡る

↓

由布島を 自由に散策

↓

西表島に戻る

南国の花がいっぱい！

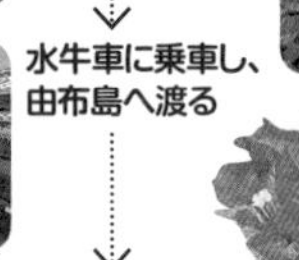

ブーゲンビレア
ピンクの花びら状が葉、中心の白が花。晩秋～3月が見頃

アラマンダ
花径5～10㎝、和名はアリアケカズラ。春～秋に開花

ハイビスカス
アオイ科フヨウ属の南国の代表的な花で、一年中見られる

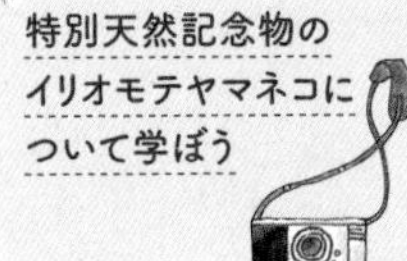

特別天然記念物のイリオモテヤマネコについて学ぼう

西表野生生物保護センターでは、イリオモテヤマネコの剥製を展示するほか、鳴き声を聞くなどの体感コーナーを常設。貴重な島の生き物の生態に触れることができる。入館無料。☎0980-85-5581 MAP P72C2

すいぎゅうしゃまちあいしょ

水牛車待合所 1

水浴びしながら出番を待つ水牛

ここが由布島の玄関口。みやげ店やパーラーを併設し、ソフトクリームやドリンク類などが味わえる。

オリジナルのみやげも充実

ブーゲンビレアガーデン 5

ブラジル原産の熱帯花木ブーゲンビレアが30種以上咲き誇る。ビビッドな色が南国らしい。最盛期は晩秋～3月ごろ。

鮮やかな花に囲まれて記念撮影を

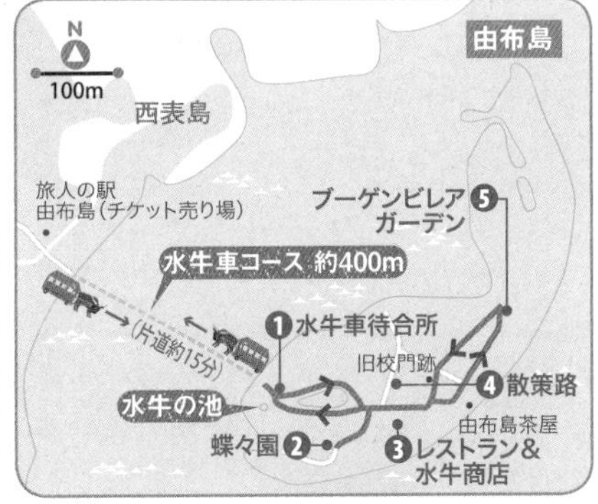

ちょうちょうえん

蝶々園 2

日本最大級の蝶・オオゴマダラに会える。美しい羽を広げてゆったり飛ぶさまは幻想的。サナギは美しい黄金色だ。

＼ふわ～り、ふわりと舞う／

羽化まで夏は1週間、冬は1カ月

さんさくろ

散策路 4

島内には南国の花木に彩られた散策路があり、歩いているだけでもリゾート気分に。記念撮影もおすすめだ。

写真映えスポットがいっぱい

れすとらんあんどすいぎゅうしょうてん

レストラン&水牛商店 3

八重山そばやタコライスなど、郷土料理が味わえる。売店には、水牛モチーフの雑貨からお酒までが勢揃い。

缶入り黒糖キャラメル水牛くん
各790円（6個入り）
優しい甘さの黒糖味。水牛くんのイラスト入り缶がかわいい。由布島限定

かくれんぼTシャツ
3500円
水牛がかくれんぼしている、かわいいプリント

八重山そば
700円（単品）
甘辛く煮たソーキがのったソーキそば1000円もある

由布島に水牛が導入されたのは、パイナップルなどの農業が盛んだった昭和20年ごろのことでした。

西表島を満喫するなら ネイチャーツアーが一番！

遊覧船で、トレッキングで、カヌーでと探検メニューは多彩。
手軽に行く？ ディープに行く？ 西表島は楽しみ方いっぱいです。

1 迫り来る亜熱帯ジャングルに興奮！ 2 仲間川の密林を分け入る 3 日本最大といわれるサキシマスオウノキを木道から観察

なかまがわのまんぐろーぶくるーず

仲間川のマングローブクルーズ

日本最大級のマングローブ林を遊覧船でお手軽探検

マングローブとは亜熱帯河口の汽水域に自生する植物の総称。開放感たっぷりの遊覧船で仲間川を遡れば、アダン、ヤエヤマヤシ群落、サキシマスオウノキの巨木が。遊覧船なら普段着でOK。

西表島交通

☎0980-85-5304 住竹富町南風見201-109 ¥マングローブコース2500円（70分）、サキシマスオウノキコース3500円（90分）🕒9時～16時30分（各コースの運航時間はHPを確認）休無休 交大原港西表島観光案内所内 P10台 MAP P72C5

所要 約70～90分

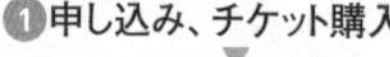

1. 申し込み、チケット購入
2. 大原港より乗船
3. マングローブクルーズ
4. サキシマスオウノキへ（サキシマスオウノキコースのみ）

全天候型の屋根付きの船

かも知れない ツアーで会える生き物たち

◀仲間川にはこんな大きなシジミもいる

▶リュウキュウアカショウビンに出合えたらラッキー

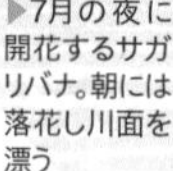

▶7月の夜に開花するサガリバナ。朝には落花し川面を漂う

船でしか行けない穴場スポット 船浮集落へ（ふなうきしゅうらく）

陸路がなく、航路しかない**船浮**は昔ながらの暮らしと大自然が残る集落。白砂が美しい**イダの浜**で海水浴も。船は片道所要10分、往復960円。☎0980-85-6552（船浮海運）MAP P72A2

うらうちがわゆうらんせんあんどとれっきんぐ

浦内川遊覧船&トレッキング（マリユドゥ、カンビレーの滝コース）

西表島最長の浦内川を遊覧船とトレッキングで制覇！

西表島で最長の浦内川を遊覧船で遡り、上流の2滝を巡ってトレッキング。丸い滝壺の形からその名のあるマリユドゥの滝、神の座を意味するカンビレーの滝が見られる。

浦内川ジャングルクルーズ
（うらうちがわじゃんぐるくるーず）
☎0980-85-6154 住竹富町上原870-3 ¥3000円 ⏰8時30分～16時30分（出航時間は9時～14時の間。1日5～7回出航。出発時間は要問合せ）休無休 交上原港から6km P20台 MAP P72A5

1 展望台から望むマリユドゥの滝。遠望でも壮大さが分かる 2 カンビレーの滝は幅約50m。岩場は滑るので気をつけて 3 トレッキングは歩きやすい靴や服で。タオル、飲み物は必携

1. 申し込み、チケット購入
2. 浦内川ジャングルクルーズ船着き場から遊覧船で出発
3. マングローブクルーズ
4. 軍艦岩よりトレッキング
5. マリユドゥの滝展望台
6. カンビレーの滝

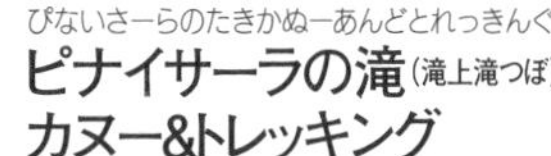

ぴないさーらのたきかぬーあんどとれっきんぐ

ピナイサーラの滝（滝上滝つぼ）カヌー&トレッキング

カヌーとトレッキングで絶景の滝を目指そう

沖縄一の落差55mを誇るピナイサーラの滝（MAP P72B1）を目指して、マングローブをカヌーで遡り、滝上までジャングル登山で向かう。出発前に丁寧な講習があるので、初心者でも安心。要予約。

西表島サニーデイ
（いりおもてじまさにーでい）
☎090-6860-9533 住竹富町字上原870-116 ¥1万5000円 ⏰受付8～20時（9時に上原港MAP P72B1へ集合。上原地区の送迎あり）休不定休 交上原港から4km Pなし MAP P72A4

1. レクチャー、カヌーの講習
2. カヌーでマングローブに漕ぎ出す
3. カヌーを降りて、トレッキング開始
4. 滝上に到着。昼食タイム
5. 滝つぼに到着。水遊びを楽しむ

1 垂直に落ちる一筋の瀑布が圧巻（ピナイサーラの滝）2 カヌーは慣れれば簡単に漕げる。水着着用の上、濡れてもいい服装で参加しよう。タオル、日焼け止め、虫除けを忘れずに 3 滝上では息をのむ絶景が待っている

遊覧船の手軽なツアーでも、水面からの日差しの照り返しがきついので、帽子や日焼け止めは忘れずに。

サンゴの島、バラス島～鳩間(はとまじま)島でシュノーケリング三昧しましょう

ツアーでしか行けない真っ白な小島・バラス島と、
手つかずの自然と情緒が残る鳩間島へは、西表島からボートで。

バラス島って？

サンゴのかけらが堆積してできた小さな無人島で、台風や季節風によって大きさや形が変わる。周囲の海はエダサンゴが密生する究極のダイビングスポットだ。真っ白な島と青い海のコントラストが印象的だが、日陰が皆無なので、日焼け対策は必須。

透き通ったブルーの海に映える、真っ白なバラス島

こんな生き物に出会えます

アオウミガメ
ゆったりと泳ぐ姿が幻想的。サンゴの上でお昼寝していることもある

カクレクマノミ
カラフルな熱帯魚。鮮やかなオレンジ色は、ひときわ目立つ

デバスズメダイ
サンゴの上を群れて泳ぐ、ブルーの小魚。水中に入る光で魚体がきらめいて美しい

ツノダシ
三角形の体型と、ひらひらと長い背びれが特徴。細長い口で餌を摂取する

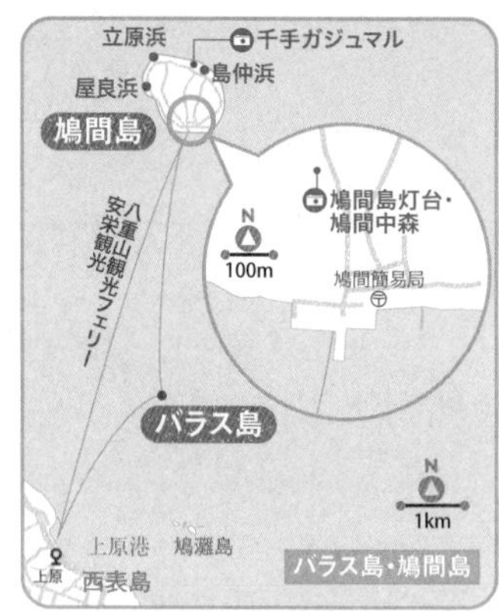

サンゴ礁に囲まれた鳩間島のビーチをひとりじめ！

ドラマ『瑠璃の島』の舞台となった鳩間島。物語のとおり観光化されておらず、島の周囲に点在するビーチはプライベート感たっぷりです。
☎0980-82-5445（竹富町観光協会）MAP P78

バラス島・鳩間島シュノーケル1日コース

透明度抜群のサンゴ礁の海で色とりどりの魚たちと遊ぶ

西表島の北約3kmに浮かぶバラス島と、さらに約2km先の鳩間島へボートで渡る。計約4時間のシュノーケリングタイムで透明度抜群の海を堪能でき、鳩間島での散策時間もある。水着だけで参加OKだ。要予約。

西表島モンスーン（いりおもてじまもんすーん）☎0980-85-6019 住竹富町上原984-50 ¥1万2000円（シュノーケル器材、昼食、ドリンク含む）時8～19時 休無休 交上原港から2km（西部地区送迎あり）P20台 MAP P72B5

ツアーの流れ　所要約6時間

❶ 9:30までに上原港集合

出港

❷ バラス島到着
船上で講習後、島の周辺でシュノーケル

❸ 2つ目のポイントへ移動

ウミガメに会えるかも？

❹ 鳩間島に上陸
昼食後、島内散策

白砂が美しい鳩間島でのんびりと過ごす

❺ 鳩間島出港
3つ目のポイントでシュノーケリング

＼入港／
上原港帰港

ほかにもあります マリンアクティビティ

カヌー＆キャニオニング

いりおもてぽろろっか
西表ポロロッカ

渓谷での水遊びが人気

西表島には清流と滝が無数に存在する。マングローブをカヌーで遡り、滝つぼにダイブする水遊びは、夏のアクティビティに最適。「めっちゃ楽しい！ 島大はしゃぎコース」1万5000円など。要予約。

☎090-2701-9467 住竹富町上原10-87 時受付8～21時 休不定休 交上原港から4km Pなし MAP P72A4

シー＆リバーカヤック

いりおもておさんぽきぶん
西表おさんぽ気分

バラス島など9種のツアー

島の西部の海をシーカヤックで行くシーカヤック＆シュノーケル・舟浮1万3000円のほか、リバーカヤック、トレッキング、シュノーケルなど、全9種のコースを用意。要予約。

☎0980-84-8178 住竹富町上原10-189 時9～21時 休不定休 交上原港から4km P5台 MAP P72A4

カタマランヨット

にらいなほりでいず
ニライナホリデイズ

サンゴ礁をセーリング

双胴船のカタマランヨットは揺れにくく、風の力だけで進むため静かで快適。手つかずの自然が残る西表島西部の海をクルーズする。ヨットツアー・デイクルーズ1万5000円などを催行。要予約。

☎0980-85-6100 住竹富町上原10-425 時受付8～21時 休不定休 交上原港から1.3km Pなし MAP P72A4

西表島の北部、県道215号の船浦海中道路（MAP P72B1）は海を渡る長さ約1.3kmのルート。ピナイサーラの滝を望めます。

西表の森と海の幸にこだわった グルメもうなるアラカルト

初めて味わう島ならではの食材も、伝統料理から創作メニューまで、西表レシピは多種多彩。おみやげはナチュラル系に決まりです。

ガザミのパスタ 1980円(夜限定)
濃厚なガザミのコクと風味がトマトクリームソースにからんだ贅沢な一品

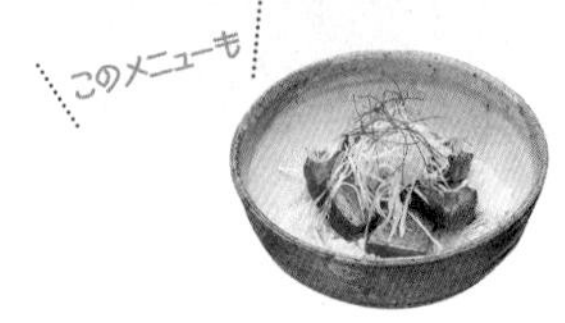

このメニューも

ミニラフテー丼 880円
軟らかく煮た豚の三枚肉（バラ肉）は、甘辛くてご飯にぴったり

きっちんいなば

KITCHEN inaba

島食材満載のメニュー

ガザミ（ワタリガニ）やイノシシなどといった希少な島の食材が味わえる店。伝統的な八重山料理以外にも、パスタなど洋風アレンジの料理も好評だ。食材は仕入れ状況によるので要確認。古典民謡の演奏（観覧無料、不定期）も行っている。

☎0980-84-8164 住竹富町上原742-6 ⏰18時～21時30分 休月曜 交上原港から4km P20台 MAP P72A4

人気店なので、早めの予約がベター

島の味コース 5000～6500円
写真は一例で、盛り付けは2人前。グルクンの南蛮漬け長命草添えなど

このメニューも

モーイ豆腐（コース内の1品）
先代からの人気メニュー。島の海藻を煮て固めたもので、泡盛の肴によく合う

あわなみとしまのあじ はてるま

泡波と島の味 はてるま

島の恵みをコース料理で堪能

店主ができる限り自ら足を運び、山や海で集めた島の恵みを使う丁寧な料理が評判。島の恵みを余さず楽しめる島の味おまかせコース5000～6500円（要予約、約2時間）のみで、内容、金額はその日の食材によって異なる。19時一斉スタート。

☎0980-85-5623 住竹富町南風見201-101 ⏰19～23時 休日曜、ほか不定休 交大原港から280m P10台 MAP P72C5

民家風の一軒家で、ゆったりと食事を

ピッツァ・タコスビスマルク 1848円
タコスミートをトッピングした沖縄風ビスマルク。スパイシーさとトマトの酸味が絶妙

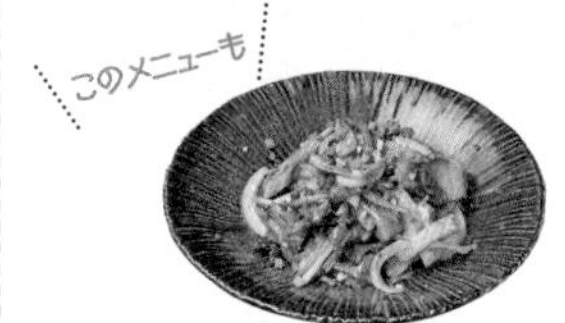

このメニューも

西表山菜とイノシシの炒め物 1650円
島で獲れたリュウキュウイノシシと山菜を使った、西表島ならではのチャンプルー

いりおもてじま いちたか

西表島 一隼

薪窯焼きピッツァと島食材料理

ピザ窯で焼く約10種類のピッツァ1628円～をはじめ、近海の魚や島野菜、山菜など島食材にこだわった創作料理、郷土料理が揃う。西部地区に限り送迎あり。人気店のため要予約。白浜地区には姉妹店「白浜そば」がある。

☎0980-85-7833 住竹富町上原10-726 ⏰17～23時 休不定休 交上原港から2km P2台 MAP P72A4

カウンターとテーブル席、座敷がある

ランチもディナーも
ボリュームたっぷり
島の人気店

上原港近くのLaugh La Gardenでは、島グルクンのフィレオフィッシュバーガー1300円や石垣豚の味噌カツ定食1400円、ディナー限定の島ダコの釜飯990円などが味わえます。
☎0980-85-7088 MAP P72B5

本日の島魚のマース煮 1400円〜
マース（塩）とだしで煮る、沖縄ならではの調理法。写真は白身魚のミミジャー

このメニューも

極上石垣牛の寿司 2貫800円
赤身とサシのバランスが絶妙で、口の中でとろける食感と肉の甘みがたまらない

りゅうきゅうしゅさい くくるくみ
琉球酒菜 くくるくみ

島食材の創作料理と泡盛が充実

1日3組限定のプチリゾートホテル、ティンヌカーラ内に併設されたダイニングバー。島の漁師から仕入れた近海魚や島野菜を使い、独自のアレンジを加えた創作料理を提供。八重山諸島の泡盛が豊富に揃っている。

☎0980-85-6017 住竹富町上原10-647 ⏰18時〜21時30分LO（水・木曜は〜21時LO。変動あり） 休不定休 交上原港から3.5km P7台 MAP P72A4

全16席と限りがあるので予約は早めに

アジアンサラダライス 600円〜（手前）
カツオのなまり節とシャキシャキの野菜がヘルシー。ミニそば付き

このメニューも

オムレツライス 700円〜
ふわとろのオムレツに、トマトベースのキノコ入りソースがたっぷり

れすとらん・ばー あざはえみ
レストラン・バー 字南風見

島グルメをお手頃価格で

ランチ、夜の単品、ドリンク類など多くが一品600〜800円とリーズナブル。夜は西表島のイノシシのロースト1000円〜や、島魚のマース煮1200円〜などの地元食材の料理も楽しめる。西表の黒糖を使ったリキュールなど、アルコールメニューも豊富。

☎0980-85-5777 住竹富町南風見508-51 ⏰11時30分〜13時30分LO、17〜21時 休火曜 交大原港から2km P5台 MAP P72C5

手作り感あふれる店内。地元客も多い

西表島 みやげも

さんた ぬ ねーね
santa nu neene

ナチュラルテイストの雑貨

マングローブや魚など西表らしいモチーフの手ぬぐい1000円〜やTシャツ2900円〜、アクセサリーなどが好評。

☎0980-85-6641 住竹富町上原541 ⏰11〜18時 休火曜、冬期は不定休 交上原港から200m P1台 MAP P72B4

手描きのデザインがかわいい

あ ぴくちゃー ぶっく
A PICTURE BOOK

島の生き物がTシャツに

「図鑑を着る」がテーマのTシャツショップ。西表島の生き物をリアルに描いたTシャツ約14種5800円〜などを取り揃える。

☎090-2069-1787 住竹富町上原340-3 ⏰10〜17時 休水・木曜 交上原港から1.5km P3台 MAP P72B4

リアルタッチのイラストがいいTシャツはXXSからXXLまで

いりおもてじまのそめおりやさん たいけんこうぼうゆくい
西表島の染め織り屋さん 体験工房ゆくい

島の草木を使った染め物

西表島ジャングルホテルパイヌマヤ入口にある染色、織物の工房兼ショップで、しおりや、ストラップ作りなどの体験（1500円〜、所要30分〜）も。

☎090-7986-5646 住竹富町古見11−1 ⏰10〜17時 休不定休 交大原港から7.5km P3台 MAP P72C2

ミサンガ（手前）は初心者でも作りやすい

クラフト＆アートの店 マツリカ（☎090-7585-3934 MAP P72C5）には、木工品など地元作家の作品や天然素材が並びます。

これしよう!

自転車orバイクで島一周

自転車で半日、バイクなら3時間で島をぐるっと一周できる。(☞P83)

これしよう!

島産スイーツでティータイム

島産の果実や黒糖の自然派スイーツをぜひ。(☞P83)

これしよう!

碧い海を望むビューポイントへ

大岳や海人公園からサンゴ礁の海を望む。(☞P83)

サンゴ礁に囲まれた美ら島（ちゅらしま）

小浜島

こはまじま

ゴーヤーマン見参!

自転車でも半日で回れる、ドラマの舞台にもなった周囲16.6kmの小さな島。中央の大岳に上れば八重山の島々が一望できる。赤瓦屋根の小ぢんまりとした集落を囲むように並び、見渡す限りサトウキビ畑が広がるのどかな風景も魅力。東南部には大型ホテルやゴルフ場もある。

島への交通

石垣港離島ターミナル → 高速船 約30分 片道1560円 → 小浜港

小浜島はココにあります!

おすすめコース 約14.5km

所要約6時間（自転車）、約5時間（バイク）

- 小浜港（スタート）
- 1.5km 自転車で約10分 バイクで約3分
- ① 大岳
- 1km 自転車で約5分 バイクで約2分
- ② 石長田海岸マングローブ群落
- 2.2km 自転車で約10分 バイクで約4分
- ③ 海人公園
- 3.5km 自転車で約25分 バイクで約7分
- ④ コーヒーハウスヤシの木
- 200m 自転車で約1分 バイクですぐ
- ⑤ シュガーロード
- 400m 自転車で約3分 バイクで約2分
- ⑥ トゥマール浜
- 1km 自転車で約5分 バイクで約2分
- ⑦ くば屋ぁ
- 小浜港（ゴール）

ℹ問合先

竹富町観光協会
☎0980-82-5445
小浜島総合案内所（レンタサイクル）
☎0980-85-3571

島の回り方

レンタサイクル、レンタバイクがおすすめ。どちらも、小浜港前の小浜島総合案内所か、ホテルでレンタルできる。路線バスはないが、観光地数カ所を巡るコハマ交通（☞P120）のバスが運行。徒歩での周遊は難しい。

徒歩	レンタサイクル	レンタバイク
△	○	◎
タクシー	バス	レンタカー
×	○	○

◎おすすめ！ ○快適 △不便 ×なし

山頂から嘉弥真島（手前）や石垣島を一望

1 大岳（うふだき）

八重山の「てんぶす」を制覇

標高99m、島の最高峰。山頂まで280段の階段を上ると、与那国島以外の8島を望む絶景が。八重山諸島の中心に位置し、「てんぶす（ヘソ）」ともよばれる。

☎0980-82-5445（竹富町観光協会） 住竹富町小浜 ¥散策自由 交小浜港から1.5km Pなし MAP P83B1

2 石長田海岸マングローブ群落（いしながたかいがん まんぐろーぶぐんらく）

ユニークな形の木々を間近に

海水と淡水が混じり合う汽水域だけで育つマングローブの群生地。干潮時には小さなカニやハゼなども見られる。

☎0980-82-5445（竹富町観光協会） 住竹富町小浜 ◷散策自由 交小浜港から2.6km Pスペースあり MAP P83A2

干潮時には湿地で生き物を観察できる

漁港の海に延びる桟橋も見下ろせる（展望台）

3 海人公園（うみんちゅこうえん）

マンタの展望台を目指そう

島の西端、細崎（くばざき）にある芝生の公園。巨大なマンタをかたどった高さ約6mの展望台からは、西表島などを一望できる。

☎0980-82-5445（竹富町観光協会） 住竹富町小浜 ◷散策自由 交小浜港から4km P5台 MAP P83A2

パッションフルーツヨーグルトアイス600円

4 コーヒーハウス ヤシの木（こーひーはうす やしのき）

自然な甘さの島スイーツ

周遊の休憩に最適な島カフェ。黒糖オーレやバナナジュース各600円、黒糖ミルクかき氷500円などが揃う。オリジナル雑貨も販売。

☎0980-85-3253 住竹富町小浜2584 ◷10時30分～17時（季節により変動あり） 休木・金曜 交小浜港から2.5km Pなし MAP P83A1

5 シュガーロード（しゅがーろーど）

島を代表する景色の一つ

サトウキビ畑の真ん中に、約1kmの一本道がまっすぐ延びている。

☎0980-82-5445（竹富町観光協会） 住竹富町小浜 ◷散策自由 交小浜港から1.5km Pなし MAP P83B2

夏から秋はサトウキビの緑色が鮮やか

6 トゥマール浜（とぅまーるはま）

石垣島を望む静かなビーチ

小浜港から徒歩15分ほどの場所にある遠浅の砂浜。施設はないので、浜辺を散策したり、波打ち際での水遊びがおすすめ。とくに満潮時の景色が美しい。

☎0980-82-5445（竹富町観光協会） 住竹富町小浜 ◷散策自由 交小浜港から1km Pなし MAP P83B2

飲み物などは港の売店で買っていこう

7 くば屋ぁ（くばやぁ）

港で島産みやげをチェック

港待合所内の売店。島の特産品を使った加工品、雑貨などが揃う。

☎0980-85-3616 住竹富町小浜港待合所内 ◷8時45分～17時（変動あり） 休島の行事日 P30台 MAP P83B1

天然もずくを使ったもずく麺530円が人気

これしよう！
牧草地を縫ってサイクリング
平坦な島なので、自転車でも楽々周遊できる。
(☞P85)

これしよう！
伊古桟橋でチルタイム
海に向かって延びる桟橋の上をのんびり歩いてみよう。(☞P85)

これしよう！
ウミガメに会いに行こう
「黒島研究所」で、3種のウミガメに出会える。
(☞P85)

放牧場が広がるのどかな島

黒島
くろしま

黒島船客ターミナル

隆起サンゴでできた平坦な島は、そのハート形の輪郭からハートアイランドの愛称をもつ。牛の数が人口を上回るというほど牧畜が盛んで、牛が草を食むのどかな風景に心癒やされる。ウミガメが産卵に上陸する浜や、干潮時にはリーフが現れて磯遊びが楽しめる海岸などがあり、のんびり過ごすのがおすすめ。

島への交通
石垣港離島ターミナル ⋯⋯ 高速船 約30分 片道1680円 ⋯⋯▶ 黒島港

黒島はココにあります！

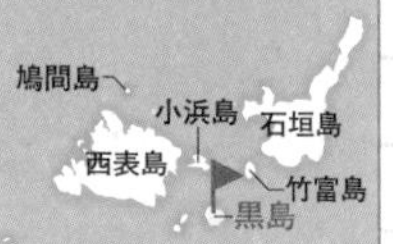

港の売店にはうしグッズがいっぱい

くろしま豆牛
400円～

おすすめコース 約7km
所要約5時間(自転車)
約4時間30分(バイク

- 黒島港（スタート）
- ▶ 約2.2km 自転車で約9分 バイクで約4分
- 1 伊古桟橋
- ▶ 約1.3km 自転車で約5分 バイクで約3分
- 2 そばCafeうんどうや
- ▶ 約1.9km 自転車で約9分 バイクで約4分
- 3 黒島灯台
- ▶ 約2.3km 自転車で約10分 バイクで約5分
- 4 黒島ビジターセンター
- ▶ 約2km 自転車で約9分 バイクで約4分
- 黒島港（ゴール）

島の回り方
小ぢんまりとした島で、最も高い場所でも標高15mとアップダウンも少なく、自転車でのんびり巡るのにちょうどいい。自転車で一周すると約1時間。黒島港の前にレンタサイクル&バイクの店があるので、上陸したら、まずここで移動の足を確保して。

徒歩	レンタサイクル	レンタバイク
△	◎	○
タクシー	バス	レンタカー
×	×	○

◎おすすめ！ ○快適 △不便 ×なし

問合先
竹富町観光協会
☎0980-82-5445
まっちゃんおばぁのレンタサイクル(バイクあり)
☎080-6497-2323

国の登録有形文化財に登録されている

1 伊古桟橋

いこさんばし

クリアブルーの海に癒やされる

透明度の高い遠浅の海に、一直線に伸びる約354mの桟橋。満潮時はまるで海の上を歩いているような気分が味わえる。島人が釣りや夕暮れ時に散策する憩いの場になっている。

☎0980-82-5445（竹富町観光協会）住竹富町黒島 ◷散策自由 交黒島港から2.2km Pスペースあり MAP P85B1

2 そばCafe うんどうや

そばかふぇ うんどうや

八重山そばでランチ休憩

テラス席のあるカジュアルなそば処。八重山そば700円やソーキそば900円の他、かき氷500円～やドリンク類もある。閉店時間は不定なので早めを狙おう。

☎0980-85-4660 住竹富町黒島1552 ◷11時～売切れ次第終了 休不定休 交黒島港から2.7km Pスペースあり MAP P85B2

海藻をたっぷりとのせたアーサそば1200円

3 黒島灯台

くろしまとうだい

島の最南端にある灯台

ハートの形になっている島の先端部分に立つ。内部には入れないが、目の前に広がるエメラルドグリーンの海の景色を楽しめる。

☎0980-82-5445（竹富町観光協会）住竹富町黒島 ◷散策自由 交黒島港から4.3km Pなし MAP P85A2

周辺には売店や自販機がないので、飲み物などは港の売店で用意を

4 黒島ビジターセンター

くろしまビジターセンター

星空観測のDVDも無料で鑑賞することができる(10～15分)

黒島の文化に触れよう

島の暮らしのなかで使われてきた農具や民具、島の動植物の写真などを展示。黒島の文化や自然について、多様な角度から学ぶことができる。

☎0980-85-4149 住竹富町黒島1 ¥無料 ◷9～17時 交黒島港から2km Pスペースあり MAP P85A2

\かわいいウミガメが待っている/

黒島研究所（くろしまけんきゅうじょ）

島の北西部にある西の浜（MAP P85A1）は、4～9月の夜、絶滅危惧種であるウミガメが産卵のために上陸。保護活動の拠点であるここでは、飼育中のウミガメを一般公開していて、餌やり（200円）もできる。

☎0980-85-4341 住竹富町黒島136 ¥500円 ◷9～17時 休無休 交黒島港から2km P5台 MAP P85A1

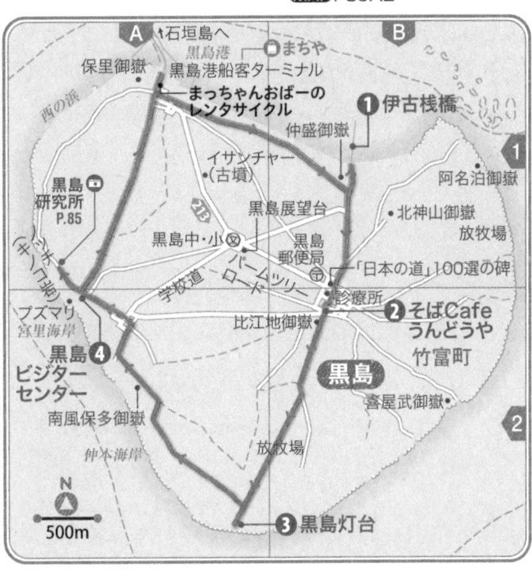

黒島港構内の売店「まちや」では、黒島らしい牛モチーフのグッズが買えます（◷船の発着時刻前後 休無休 MAP P85A1）。

これしよう！

日本一といわれる星空に感動

島の南部では、晴れた日は満天の星空に出会える。(☞P87)

これしよう！

ニシ浜で白砂ビーチを満喫

美しいパウダーサンドのビーチは夕日もすてき！(☞P87)

これしよう！

日本最南端之碑で記念撮影

高那崎の記念碑へ。周辺の景色も合わせて楽しもう。(☞P87)

満天の星もすてき

波照間島

はてるまじま

「果てのサンゴの島」という意味をもつこの島は、赤道に近いため観測できる星の数が日本一といわれ、南十字星も観測できる島。美しいニシ浜、荒波削る断崖絶壁の高那崎など、みどころも満載。石垣島から日帰りも可能だが、できれば宿泊して満天の星を眺めながら、島内以外にほとんど流通しないという幻の泡盛「泡波」も味わいたい。

幻の泡盛を味わいたい!!

ミニボトル 100mℓ 400円～

島への交通

石垣港離島ターミナル → 高速船 60～90分 片道 4530円 → 波照間港

波照間島はココにあります！

与那国島　小浜島　石垣島　西表島　竹富島　黒島　波照間島

おすすめコース

約25km　所要約7時間（自転車）、約6時間30分（バイク）

- 波照間港（スタート）
- ▶ 800m 自転車で約6分 バイクで約2分
- 1 ニシ浜
- ▶ 6km 自転車で約24分 バイクで約12分
- 2 高那崎・日本最南端之碑
- ▶ 5km 自転車で約20分 バイクで約9分
- 3 そばカフェ あとふそこ
- ▶ 2km 自転車で約8分 バイクで約4分
- 4 毛崎
- ▶（宿に戻って夕食後、各自徒歩で移動）
- 5 星空撮影ツアー
- ▶（各自徒歩で移動）
- 宿（ゴール）

島の回り方

各観光スポット間に距離があり、徒歩での周遊は難しい。自転車でも周遊可能だが、起伏があり、細い農道も多いため、小回りの利くバイクがおすすめ。事前予約をすればレンタル業者が港へ送迎してくれる。島内には信号がないので、運転には充分気をつけよう。

徒歩	レンタサイクル	レンタバイク
△	○	◎
タクシー	バス	レンタカー
×	×	○

◎おすすめ！ ○快適 △不便 ×なし

問合先

竹富町観光協会
☎0980-82-5445

1 ニシ浜（にしはま）

八重山随一のビーチでシュノーケリング

砂地のすぐ先のサンゴ礁で、水中散歩。ペンション最南端ではシュノーケリング器材のレンタルもある。

☎0980-82-5445（竹富町観光協会）住竹富町波照間 ¥入場自由 交波照間港から800m Pスペースあり MAP P87A1

干潮時は浅くて泳ぎにくいので、事前に干潮時刻を確認

凹凸の激しい隆起サンゴでできている高那崎。足下に注意

2 高那崎・日本最南端之碑（たかなざき・にほんさいなんたんのひ）

眼前には紺碧の海が広がる

紺碧の海に切り立つ断崖絶壁が、約1kmにわたって続く。「日本最南端之碑」は、沖縄が本土復帰を果たした昭和47年（1972）に建てられた。

☎0980-82-5445（竹富町観光協会）住竹富町波照間 ¥時休見学自由 交波照間港から4.8km Pスペースあり MAP P87B1

なんこつソーキそば900円

3 そばカフェ あとふそこ（そばかふぇ あとふそこ）

テラス席で八重山そばを堪能

野菜そば900円やゆし豆腐そば1000円のほか、マンゴーミルクのフローズンドリンク750円、波照間産黒糖ミルクのかき氷650円～などが揃う。

☎なし 住竹富町波照間204 時11時30分～17時30分LO(冬期は～16時) 休不定休 交波照間港から1.2km Pスペースあり MAP P87A1

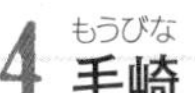

4 毛崎（もうびな）

夕日のビューポイント

島西端の岬で、海に沈む夕日を。

☎0980-82-5445（竹富町観光協会）住竹富町波照間 時見学自由 交波照間港から2km Pスペースあり MAP P87A1

夕日を眺めに出るときは懐中電灯を忘れずに

撮影データはメールで送ってもらえる

5 星空撮影ツアー（ほしぞらさつえいつあー）

天の川や南十字星と記念撮影

人工光が少ない島の南部、日本最南端之碑（→P87）の近くで星空を撮影する。撮影はスタッフにおまかせの基本コースと、カメラ（貸し出し可）の使い方を習い自分で撮影するチャレンジコースがある。民宿「ハウス美波」が催行。詳細は宿のHPで確認。

ハウス美波（はうすみなみ）

☎090-8437-3132 住竹富町波照間3138 ¥基本コース2000円、チャレンジコース5000円 休不定休 交波照間港から1.7km P3台 MAP P87A1

＼島の宿なら／

ペンション最南端（ぺんしょんさいなんたん）

すべての客室がオーシャンビューで、敷地内にビーチグッズのレンタルショップもある。和室2食付1万1000円～。

☎0980-85-8686 住竹富町波照間886-1 交波照間港から750m 送送迎あり Pスペースあり MAP P87A1 室12室（和室4・洋室8）

宿からニシ浜までは徒歩1分

琉球王朝時代の火番所だったコート盛（MAP P87A1）は、島の最高地点。天気がいい日には西表島などを一望。

これしよう！
ヨナグニウマの乗馬を体験
在来馬の一種の、おとなしい馬とふれあえる。(☞P89)

これしよう！
西崎で美しい夕日を見る
西崎から最後に沈む夕日を堪能する。(☞P89)

これしよう！
謎の海底地形に大接近！
潜水艇やシュノーケリングで古代ロマンに迫る。(☞P89)

変化に富んだ風景が魅力

与那国島

よなぐにじま

台湾まで約111kmの位置にある島。島の地質は、隆起サンゴ礁ではなく堆積岩のため、起伏のある地形となっている。島の西と東には断崖絶壁が、内陸にはヨナグニウマが遊ぶ広大な放牧場などがある。昭和61年（1986）に発見された、ダイバーを魅了する巨大な謎の海底地形、「海底遺跡」も必見だ。

島への交通

新石垣空港 → 飛行機 約30分 片道 1万6610円～ → 与那国空港

石垣港離島ターミナル → フェリー 約4時間 片道3610円（週2便） → 久部良港

与那国空港 ⇔ 車 15分 ⇔ 久部良港

与那国島はココにあります！

与那国島　小浜島　西表島　石垣島　竹富島　黒島　波照間島

志木那島診療所で見つけた！

ドラマの小道具で使われたカップ麺（非売品）

おすすめコース

約45km　所要約5時間（車）、約5時間30分（バイク）

与那国空港（スタート）
▶ 5km 車で約7分 バイクで約10分
1. 高速半潜水艇 ジャックス・ドルフィン号
▶ 2km 車で約3分 バイクで約4分
2. 西崎・日本最西端の碑
▶ 6km 車で約9分 バイクで約11分
3. 与那国馬う牧場
▶ 600m 車で約2分 バイクで約3分
4. 食事処 さとや
▶ 8.5km 車で約11分 バイクで約17分
5. 東崎
▶ 宿（ゴール）

島の回り方

周囲約28kmと広く、島内は起伏が激しい。また島の東西にみどころが散らばっているため、車かバイクでの周遊がベスト。レンタカー・バイクの営業所へ予約を入れると、空港まで送迎してくれる。車での島内一周は約1時間が走行の目安。

徒歩	レンタサイクル	レンタバイク
△	△	◎
タクシー	バス	レンタカー
○	△	◎

◎おすすめ！ ○快適 △不便 ×なし

ℹ問合先
与那国町観光協会
☎0980-87-2402

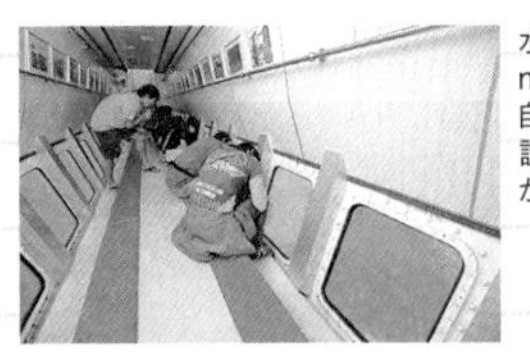

水深約10～15mに人工物か、自然造形か諸説紛々の地形が見られる

こうそくはんせんすいてい じゃっくす・どるふぃんごう

1 高速半潜水艇 ジャックス・ドルフィン号

海底に広がる謎の地形

久部良港から出航、約20分のポイントで船底から海底遺跡ともいわれる場所を見学できる。船上から眺める断崖絶壁も迫力だ。所要約1時間～。

☎0980-87-2311(ぐまーぬ入船) 住与那国町与那国4022(久部良港内 乗り場) ¥7000円～ 営海況次第。要問合せ 交与那国空港から5km（空港、宿泊先まで送迎あり) 休不定休 Pスペースあり MAP P89A1

「日本最西端の証」500円は空港や与那国町観光協会で買える

いりざき・にほんさいせいたんのひ

2 西崎・日本最西端の碑

島で一番最後に夕日が沈む

日本最西端の碑が立つ小高い丘の下は断崖絶壁。台湾まで約111kmの大海原と久部良集落を望む。

☎0980-87-2402(与那国町観光協会) 住与那国町与那国 営見学自由 交与那国空港から5.5km P5台 MAP P89A1

よなぐにうまうぼくじょう

3 与那国馬う牧場

ヨナグニウマと海や陸で遊べる

町の天然記念物のヨナグニウマに乗る体験を実施。初心者でも本格的に楽しめる。

☎090-2502-4792（たんぽぽ流ツアー) 住与那国町与那国3500 ¥1万円～ 営8～19時(受付は6～21時) 休火曜、ほか不定休あり 交与那国空港から4.8km P4台 MAP P89A1

海馬遊び1万2000円～は5～10月限定

安全面から、馬や牛に接近するのは避けよう

しょくじどころ さとや

4 食事処 さとや

民宿に併設する八重山そば店

名物くるまえびそばのほか、鶏だしが利いた八重山そば1000円などが揃う。民宿は1泊2食付7800円～。

☎090-5294-4445 住与那国町与那国3093 営 11時～13時30分LO 休木曜、ほか不定休 交与那国空港から4.5km Pスペースあり MAP P89A1

くるまえびそば1500円

あがりざき

5 東崎

島の最東端にある岬

断崖絶壁の岬の上に放牧場が広がる、絶好のビュー&休憩ポイント。天気がいい日には、西表島を眺望できる。東崎に至る海岸沿いに、神の岩と尊ばれる立神岩もあるので、要チェック。

☎0980-87-2402（与那国町観光協会) 住与那国町与那国 営見学自由 交与那国空港から7.3km P30台 MAP P89B1

＼島の宿なら／

みんしゅく さきはらそう

民宿 さきはら荘

徒歩圏内に売店、食事処、ビーチなどがあるアットホームな宿。食事は周辺の飲食店で(要予約)。洗濯機無料。1泊素泊まり5000円～。

☎0980-87-2976 住与那国町与那国131 交与那国空港から3km 送迎要相談 P5台 室和 室9 MAP P89B1

チェックイン時間は随時応相談

『Dr.コトー診療所』のロケ地、志木那島診療所はドラマファン必見です（¥300円 営9～18時 MAP P89A1）。

極上リゾートも隠れ家風ホテルも 離島のステイはお好み次第

島時間でバカンスを満喫するリゾートから、ツアーの拠点にぴったりのプチホテルまで、旅のカタチに合わせて選びましょう。

贅沢ポイント
伝統建築にならった趣ある一軒家
昔ながらの竹富の家屋に泊まっているような気分になれる

くつろぎポイント
庭を望むデイベッド
全タイプの客室にデイベッドを配置。外からの風が心地よい

竹富島

※遊泳は不可

ほしのやたけとみじま

星のや竹富島

島の集落を踏襲した全客室が庭付き一棟建て

約7万㎡の広大な敷地内に、石垣に囲まれた庭付き、赤瓦屋根の平屋一棟建ての客室が並ぶ。竹富島の集落に暮らす気分で滞在できる。24時間利用可能な屋外プール、島素材などを使うスパメニューのほか、織物体験やマリンアクティビティなど、施設内外でのプログラムも豊富。食事は沖縄の食材を使用し、フレンチの技法を取り入れた新感覚の料理「島テロワール」。

☎050-3134-8091 住竹富町竹富 交竹富港から2.7㎞ 送迎あり Pなし 室48室（ズーキ11室、ガジョーニ16室、キャンギ20室、トーナチ1室）MAP P65B2

料金

各室

1泊食事なし

平日 11万2000円～（1棟）

IN 15時 OUT 12時

広く開け放つこともできるリビング

織物体験3025円。そのほかナイトクルージング1万500円など

「ズーキ」「ガジョーニ」の客室は、部屋の中央にバスタブが配置され、開放感がある

夕食1万8150円コースより一例、炭火で焼いた豚肉のデクリネゾン。盛り付けも美しい

ひとり占めビーチ

施設に隣接するアイヤル浜へは徒歩3分ほど。潮流の関係で遊泳はできないが、白砂の浜で遊べる。朝はストレッチのプログラム・よんなー深呼吸を実施（無料。状況により場所の変更あり）。

ビーチまで5分以内　オーシャンビューの客室あり　エステ施設あり　プール施設あり　アクティビティ紹介あり

西表島

ほしのりぞーと
いりおもてじまほてる

星野リゾート 西表島ホテル

広々としたロビー。館内はすべて無料でWi-Fi利用可能

海とジャングルに囲まれた 自然豊かな快適リゾート

西表島で最も客室数が多いリゾートホテル。目の前には西表島随一の美しさを誇る浜辺があり、背後には亜熱帯のジャングルが広がる。抜群の立地を生かし、カヤックやシュノーケルなど野外アクティビティ（有料）も充実。館内は洗練された雰囲気とサービスに満ちていて、レストランでは朝食、夕食とも、島ならではの料理も味わえる。宿泊は2泊から。

☎050-3134-8094（星野リゾート予約センター）住竹富町上原2-2 交上原港から3.8㎞ 送送迎あり P20台 室139室（スーペリアツイン127室、デラックスツイン6室など）MAP P72A4

料金

スーペリアツイン
2泊食事なし
2万4000円～
IN 15時 OUT 11時

アクティビティ

豊かな自然の中で楽しむアクティビティ（有料）を豊富に用意。カヤック、SUP、シュノーケリング、トレッキングなど幅広い年代で参加できるものが揃っている。

ビュッフェを楽しめるダイニングレストラン

贅沢ポイント 船で行く秘境ビーチ！

船でしか行けない奥西表の穴場絶景ビーチ「イダの浜」でマリン体験が楽しめるツアー8800円（時期により変動あり）。

贅沢ポイント デイベッド付きの広々とした客室

ほとんどの客室に、大人もゆったり寝られるデイベッドを備えている。昼寝にもぴったりだ

ラグジュアリーな過ごし方

緑と花々に囲まれたプールは開放感たっぷり。プールサイドでのんびり過ごすだけでもリフレッシュできる

贅沢ポイント
満天の星空を望むロケーション
南十字星を意味するホテル名のとおり、晴れた夜には星空が素晴らしい

憧れポイント
天蓋付きベッドもある洗練された新客室
「かぁちばい棟」オーシャンビュープレミアは沖縄風のスタイリッシュな部屋

小浜島

はいむるぶし

はいむるぶし

日本一の星空と国内最大級のサンゴ礁に抱かれた楽園

"ぬちぐすい（命の薬）リゾート"をコンセプトに、進化し続ける南国リゾート。八重山の伝統や文化を巧みに取り入れた寛ぎの空間や、多彩なマリンアクティビティなど、心身ともにリフレッシュできるサービスや施設を備えている。園内にはハンモックやブランコなどの癒やしアイテムが点在。島らしさと洗練された雰囲気を併せもつ。

☎0980-85-3111 住竹富町小浜2930 交小浜港から3㎞ 送送迎あり P10台（無料）室148室（スタンダード20室、スーペリア35室、オーシャンビュープレミア30室ほか）MAP P83B2

料金
スタンダード
1泊朝食付
✣平日・休前日　1万6830円～
IN 15時 OUT 11時

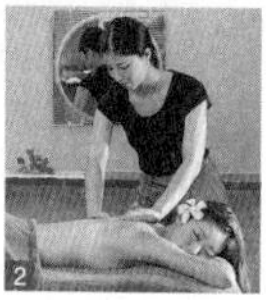

1 ガラス張りで開放感あふれるバスルーム
2 エステメニューもある

BBQが楽しめるガーデンダイニング

海Caféの屋上にある「海空テラス」

シーカヤックなどマリンアクティビティが充実

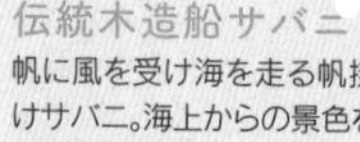

伝統木造船サバニ

帆に風を受け海を走る帆掛けサバニ。海上からの景色を楽しもう。

【体験できる主なアクティビティ】
マリンジェット、ロデオボート、シースライダー、カヌー、SUPボードなど（すべて有料）

ビーチまで5分以内　オーシャンビューの客室あり　エステ施設あり　プール施設あり　アクティビティ紹介あり　ゆ 大浴場あり

西表島

ほてるら・てぃーだいりおもて

ホテル ラ・ティーダ西表

赤瓦のコテージと日本最南端&最西端の温泉

西表島の最南端にあり、時期によっては南十字星を見ることもできる自然豊かな立地。南国リゾートらしい赤瓦屋根のコテージが並ぶ敷地内には、国内最南端&最西端の天然温泉施設「西表島温泉・カンパネルラの湯」もある（宿泊者専用。温泉利用料金1500円）。露天風呂でサンセットや星空を眺めながら湯浴みを楽しむひとときが、旅の疲れをリフレッシュしてくれる。

贅沢ポイント
赤瓦屋根の広々コテージ
完全独立タイプのコテージなのでプライベート感たっぷり

料金
コテージ
1泊朝食付
平日・休前日
1万4300円～
IN 14時30分 OUT 10時

☎0980-85-5555 住竹富町南風見508-205 交大原港から3km 送迎あり（要予約）P15台（無料）室32室（コテージ20棟、アネックス8室、スタンダードツイン2室、デラックス2室）MAP P72C5

ダブルとセミダブルのベッド、ソファを配置

約20畳の広々フロア。全室バス付き、洗濯機付き

くつろぎポイント
縁側もある和みの空間
屋根には希少な琉球瓦を使用し、各部屋に専用の縁側と庭がある

料金
洋室
1泊朝食付
平日・休前日
2万2000円～
IN 15時 OUT 11時

☎0980-85-6645 住竹富町上原10-357 交上原港から8km 送迎あり P4台（無料）室4室（洋室4室）MAP P72A4

西表島

るか

琉夏

西表島唯一の伝統建築の宿で暮らすようなステイを堪能

敷地内には沖縄の伝統建築を忠実に再現した建物や池、菜園などが配され、檜や杉、漆喰など自然素材ばかりを用いた客室は居心地がいい。朝食は和・洋を日替わりで提供。自家菜園で収穫した野菜や西表の海で採れた海藻などを化学調味料不使用で調理する。洋食の日に味わえる自家製パンも好評。ゴーヤやパパイヤが実る庭をゆったりと散策するのも楽しい。

西表島

まやぐすく・りぞーと

マヤグスク・リゾート

コンドミニアムタイプで1日2組限定のリゾート

月ヶ浜と森を望む自然豊かで静かなロケーション。客室はミニキッチンが付いたコンドミニアムタイプ2部屋のみ。ともにオーシャンビューのため、開放的なテラスから絶景が楽しめる。一室はテラスに専用露天風呂付き。夕食は、和洋折衷のコース料理5000円（要予約）。朝食は、ルームサービス（有料）を予約すれば、部屋でゆったりと楽しむこともできる。

くつろぎポイント
洗練された欧風の建物
豊かな自然に囲まれた環境の中で、スローな時間が過ごせる

料金
コンドミニアムA
1泊朝食付
平日・休前日
1万1800円～
IN 14時 OUT 10時

☎0980-85-6065 住竹富町上原10-544 交上原港から4km 送迎あり P5台（無料）室2室（洋室2室）MAP P72A4

海と森を見下ろすテラスが好評

ミヤコブルーの海に感動！

あこがれのリゾートホテルへ（☞P112）

マリンアクティビティにトライ！（☞P104）

島素材のジェラート（☞P115）

海上ドライブに出かけよう（☞P98）

伊良部島のおしゃれカフェ（☞P109）

特産のサトウキビを使ったスイーツ（☞P109）

赤瓦屋根が映える下地島空港（☞P123）

海の透明度は沖縄屈指です。きめ細かい白砂ビーチの宮古島へ

サンゴ礁が隆起してできた宮古島には、汚水の流れ込む川がないため、海がきれいです。真っ白な砂浜が広がり浅瀬でも熱帯魚が泳いでいます。

イムギャーマリンガーデンでシュノーケリング（☞P103）

伊良部大橋のたもとで夕日を望む（☞P98）

みやこしょとう
宮古諸島ってこんなところ

美しいサンゴ礁の海に囲まれた宮古諸島。
橋を渡って巡る島ドライブも楽しみ。

観光のみどころは7つのエリア

宮古島は、伊良部島、下地島、池間島、来間島と橋でつながっています。人気の景勝地やビーチは島の至る所に。最も遠い東部の沿岸部まで空港から車で30～40分程度と、気軽にドライブが楽しめます。

観光前に情報集め

役所や宮古島観光協会のほか、宮古空港ターミナルにも観光案内所があるので利用してみましょう。

問合せ 宮古島市観光商工スポーツ部観光商工課
☎0980-73-2690
宮古島観光協会　☎0980-79-6611

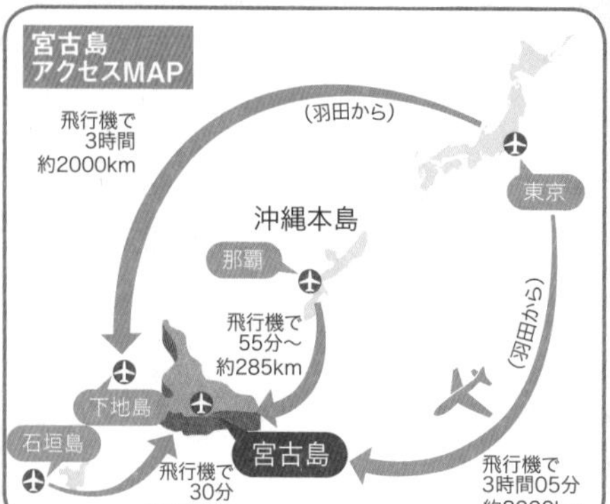

宮古島アクセスMAP

(羽田から)
飛行機で
3時間
約2000km
東京
沖縄本島
那覇
飛行機で
55分～
約285km
(羽田から)
下地島
石垣島
宮古島
飛行機で
30分
約120km
飛行機で
3時間05分
約2000km

いけまじま
池間島

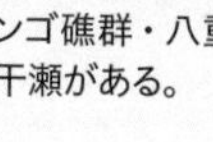

宮古島と池間大橋で結ばれる島。西海岸沿いには隠れ家的な宿が連なる。島の沖合にはサンゴ礁群・八重干瀬がある。

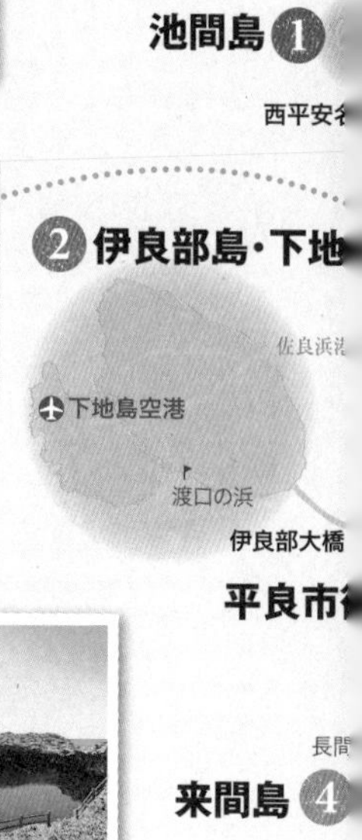

池間島 1
西平安名

ひららこう
平良港

パイナガマ公園のすぐそばにある、多良間島への発着港。市街からは徒歩約10分とアクセスも便利。

2 伊良部島・下地
佐良浜
下地島空港
渡口の浜
伊良部大橋
平良市街
長間
来間島 4

いらぶじま・しもじしま
伊良部島・下地島

橋でつながる2つの島は行き来自由で、宮古島から日帰り観光も可能。伊良部島と宮古島を結ぶ伊良部大橋は通行無料の橋として国内最長。

ひららしがい
平良市街

ホテルや飲食店が集まり、徒歩でのんびりおみやげ探しも楽しめる。平良港、パイナガマ公園へは徒歩約10分。

ここをチェック
肴処 志堅原☞P107
soramoyo☞P110

くりまじま
来間島

4

おしゃれなカフェや雑貨店が集まる人気の島。西側に夕日の名所・長間浜がある。島へは全長1690mの来間大橋を渡って行く。

5 北部（ほくぶ）

県道230号周辺はサトウキビ畑が広がり、のどか。宮古島の最北端にある西平安名崎は夕日スポットとしても有名。

ここをチェック
宮古島海中公園 ☞P100
すむばり食堂 ☞P106

池間大橋
大神島
5 北部
砂山
平良港
パイナガマ公園
宮古島
宮古空港
宮古島市
那覇前浜
390
吉野海岸
来間大橋
イムギャーマリンガーデン
東平安名崎
7 南部
6 東部

6 東部（とうぶ）

ビーチが多く点在。沖合の海にある鍾乳洞のツアーも人気。国の名勝にも指定された景勝地・東平安名崎は必見。

ここをチェック
東平安名崎 ☞P100
吉野海岸 ☞P103

7 南部（なんぶ）

エリア中心部はサトウキビ畑が広がり、観光施設も点在。海岸沿いはリゾートホテルが立ち並ぶ。

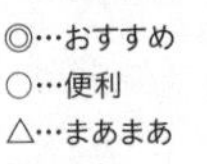

島でのアクセス早見表

	徒歩	レンタサイクル	レンタバイク	タクシー	バス	レンタカー
宮古島周遊	×	×	○	○	△	◎
平良市街	◎	◎	○	○	△	△
料金	無料	1日 2500円~（電動）	1日 3000円~	500円~	1区間 140円~	1日 6600円~

◎…おすすめ
○…便利
△…まあまあ
×…不便

※時間・運賃は目安です

宮古島DATA

● 沖縄県宮古島市
● 面積 159.22㎢
● 島の周囲 131.2㎞

宮古空港から主要地への距離

	宮古空港から
伊良部大橋（いらぶおおはし）	約8㎞
池間大橋（いけまおおはし）	約18㎞
平良港（ひららこう）	約6㎞
西平安名崎（にしへんなざき）	約19.5㎞
来間大橋（くりまおおはし）	約8㎞
東平安名崎（ひがしへんなざき）	約21㎞
イムギャーマリンガーデン	約9.5㎞

周遊アドバイス

レンタカーがベスト！

島一周は約3時間。あたり一面にサトウキビ畑が広がるエリアが多く、大きな目標物が少ない。道に迷いやすいので、カーナビや地図は必須。平良市街やピンポイントでの移動なら、レンタバイクの利用も可能。運転手におまかせの観光タクシーもおすすめだ。

市街の歩き方

中心地は平良です

平良市街へは宮古空港から車で約15分。居酒屋など飲食店が多く立ち並ぶ西里大通りと、みやげ店が連なる下里大通りの2大ストリートを中心に移動しよう。周辺にはホテルも多く、移動は徒歩で充分可能。街なかビーチのパイナガマ公園へは徒歩約10分。

絶景目指して島一周 宮古島ビュードライブ

3本の大橋を渡って4つの島をドライブ。
ブルーの海が輝く宮古諸島は、みどころが満載です。

宮古島まもる君ってどんな人?
台風にも負けず365日立ち続ける交通安全人形。おみやげのパッケージにもなるほど人気です

1 伊良部大橋（いらぶおおはし） AM 9:30

サンゴ礁の海の上を爽快ドライブ

宮古島と伊良部島を結ぶ全長3540mの橋。伊良部島の島内周遊や、話題の立ち寄りスポット下地島空港などへの日帰りドライブが気軽に楽しめる。

☎0980-72-2769（沖縄県宮古土木事務所） 住宮古島市平良久貝 ¥無料 ⏰休通行自由 交宮古空港から7km P橋のたもとにスペースあり MAP折込表B4-5・C5

◀船舶が往来するため橋の中央部が高くなっている ▲真っ青な海の上を走り抜ける

約1.5km

2 牧山展望台（まきやまてんぼうだい） AM 9:45

渡り鳥を模した展望台

約16.5km

牧山公園内にあり、島に飛来する渡り鳥のサシバをモチーフにした造りがユニーク。伊良部大橋の全景や宮古島、来間島も眺められる。

☎0980-73-2690（宮古島市観光商工スポーツ部観光商工課） 住宮古島市伊良部池間添 ¥⏰休見学自由 交宮古空港から15km P20台 MAP折込表B4

◀サシバを象った愛らしいフォルムの展望台 ▲高台から望む伊良部大橋の全景が見もの

ドライブ途中に立ち寄りたい「宮古島市体験工芸村」

自然豊かで広々とした敷地に工房が点在。藍染や陶芸、料理、牛の角細工や貝細工、織物などといった工房の体験メニューが楽しめます（☞P110）。¥体験1人～、2200円～（所要1時間～）

3 来間大橋（くりまおおはし） AM10:30

水平線を見晴らす景勝地

宮古島と来間島を結ぶ1690mの橋。車で走るとまるで海の上を飛んでいるような爽快な気分に。来間島にはカフェや雑貨店が多い。

☎0980-73-5634（宮古島市建設部道路建設課）住宮古島市下地来間 営休通行自由 交宮古空港から8km P近隣の公園駐車場利用 MAP折込表C6

▲満潮時を狙うと青い海の色が際だつ ▶白い砂浜と青い海がみごとな与那覇前浜の横を通る

約1km

◀緑の向こうに広がる宮古ブルーの海に感動！ ▲トイレや売店もあるので休憩にも最適

4 竜宮城展望台（りゅうぐうじょうてんぼうだい） AM11:00

人気景勝地を高台から望む

竜宮城をイメージした展望台。来間大橋や与那覇前浜を見渡せる。トイレや売店があるので休憩に最適。

☎0980-79-7813（宮古島市農林水産部農政課）住宮古島市下地来間 営見学自由 交宮古空港から11km P約12台 MAP折込表C6

約450m

5 島茶家 ヤッカヤッカ（しまちゃや やっかやっか） AM11:30

島風が気持ちいい癒やしの空間

テラス席、窓を開放した店内ともに風が吹き抜ける居心地のいい空間。4種類のカレーや日替わりの自家製スイーツが人気。

☎0980-74-7205 住宮古島市下地来間126-3 営11時30分～17時 休木曜 交宮古空港から10km p7台 MAP折込表C6

▲宮古牛のコク旨カレー1250円（数量限定）◀着席前にカウンターで注文を

P100へ

宮古島西部にある久松の集落（MAP折込表C5）は、赤瓦の家屋が点在し昔の面影が今も残っています。ドライブ途中に散策してみては。

▲岬全体を写真におさめるなら途中の展望台から ◀灯台へ向かう道は遊歩道になっている

約25km P99から

6 ひがしへんなざき 東平安名崎 PM1:30

海を突き抜けるダイナミックな景観

エメラルドブルーの海に突き出た約2kmの岬。先端に立つ平安名崎灯台は入場可能（荒天時を除く）。

☎0980-73-4585（管理：宮古島市建設部都市計画課）住宮古島市城辺保良 ¥灯台は中学生以上200円 ⏰見学自由（灯台は9時30分～16時30分）休荒天時 交宮古空港から20km P55台 MAP 折込表F6

約21km

7 すくばりてらす すくばりテラス PM3:00

マンゴー農家直営のカフェ

自家農園のマンゴーを使ったスイーツメニューが揃う。マンゴースムージー750円、マンゴーかき氷430円など。

☎0980-73-1307 住宮古島市平良東仲宗根添1210-1 ⏰12時～16時30分 休火曜 交宮古空港から4.5km P8台 MAP 折込表D5

▲マンゴープリン430円、マンゴースカッシュ440円

約12km

8 みやこじまかいちゅうこうえん 宮古島海中公園 PM4:00

服を着たまま海中散歩?!

宮古島の海を体感できる海中観察施設が人気。色とりどりの小魚のほか、ときには1mを超える魚の姿も。海を一望できる展望台やカフェも併設している。

☎0980-74-6335 住宮古島市平良狩俣2511-1 ¥海中観察施設観覧1000円 ⏰10時～17時30分最終受付（カフェは11時～15時30分LO）休無休 交宮古空港から16km P50台 MAP 折込表C3

約5km

▲海中に設けられたガラス窓から魚を観察する

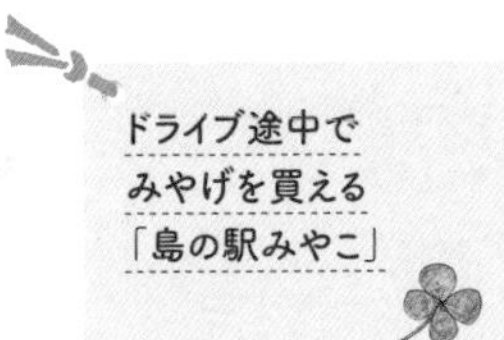

ドライブ途中で みやげを買える「島の駅みやこ」

契約農家の野菜や果物から宮古島ならではのお菓子、調味料、雑貨まで幅広いみやげ物が揃う。ベーカリーや宮古そば店も併設しているので、休憩にもおすすめです。
DATA☞P111

9 池間大橋（いけまおおはし） PM5:30

気分爽快！ 海上ドライブ

宮古島と池間島を結ぶ1425mの橋。橋のたもとには休憩スペースが設けられ、大橋と目の前に広がる青い海の美景を楽しめる。

☎0980-72-2769（沖縄県宮古土木事務所）住宮古島市平良池間 休通行自由 交宮古空港から18km P宮古島側9台、池間島側17台 MAP折込表C2

▲一直線に伸びる橋は高低差がなく走りやすい ▶橋の上からは“神の島”といわれる大神島を一望できる

約8km

10 西平安名崎（にしへんなざき） PM6:15

夕日にうっとり、ドライブの最終地点

宮古島の最北端にある岬。風力発電が連なる道沿いは散策に最適。展望台からは池間島、池間大橋、伊良部島を望める。

☎0980-73-2690（宮古島市観光商工スポーツ部観光商工課）住宮古島市平良狩俣 ¥無料 ◷休見学自由 交宮古空港から15km P20台 MAP折込表C2

❶島最北端ならではの雄大な景色に見とれる ❷夕日を見るときは事前に日没の時刻を調べておこう

ドライブ途中で小さな個人商店を見つけたら入ってみましょう。地元ならではの食材や新鮮な野菜などに出合えることもありますよ。

沖縄屈指の美しさに感動！癒やされビーチはココにあります

透き通る海にはサンゴ礁がのぞき、眺めているだけで気持ちが和みます。何層にも織り成すグラデーションが美しい、宮古ブルーを目に焼き付けて。

繁華街から徒歩圏の憩いビーチ

1 ぱいながまびーち パイナガマビーチ

平良港に隣接。目の前に伊良部島を望む。市街から徒歩約10分とアクセス良好で、日陰が多く、休憩にもうってつけ。

パイナガマビーチDATA

☎なし 住宮古島市平良下里 ¥無料 ⏲休入場自由 交宮古空港から7km P20台 MAP折込表平良市街左下
シャワー○ トイレ○ 更衣室× 売店× 夕日○

きめ細かい白砂が気持ちいい！

2 とぐちのはま 渡口の浜

伊良部島の南部にあり、掌からサラサラとこぼれ落ちるパウダーサンドが続く。のんびり過ごすのに最適。

渡口の浜DATA

☎0980-73-2690(宮古島市観光商工スポーツ部観光商工課) 住宮古島市伊良部 ¥無料 ⏲休入場自由 交宮古空港から16km P周辺可 MAP折込表A4
シャワー○ トイレ○ 更衣室○ 売店○ 夕日×

池間島
池間大橋
西平安名崎
宮古島海中公園
伊良部島
90
下地島
2 渡口の浜
平良港
1 パイナガマビーチ
伊良部大橋
宮古空港
サンセットビーチ
3 与那覇前浜
4 長間浜
来間大橋
来間島

4 ながまはま 長間浜

来間島の西側にあり、手つかずの自然が残る。人の姿が少なく、穏やかな時間が流れ、プライベート感もたっぷり。

長間浜DATA

☎なし 住宮古島市下地来間 ⏲休入場自由 交宮古空港から12km Pなし MAP折込表B6
シャワー× トイレ× 更衣室× 売店× 夕日○

サラサラの白砂と海の青さは感動モノ！

3 よなはまえはま 与那覇前浜

7kmにわたって続く、東洋一美しいと謳われるビーチ。隣接するホテルのマリンアクティビティ(有料)を楽しむことができる。

与那覇前浜DATA

☎なし 住宮古島市下地与那覇1199-1 ¥無料 ⏲入場自由 休なし 交宮古空港から7km P30台 MAP折込表C6
シャワー○ トイレ○ 更衣室○ 売店○ 夕日○

夕日もキレイな穴場スポット

シャワー シャワーの有無 トイレ トイレの有無 更衣室 更衣室の有無 売店 売店の有無 夕日 夕日スポットの有無

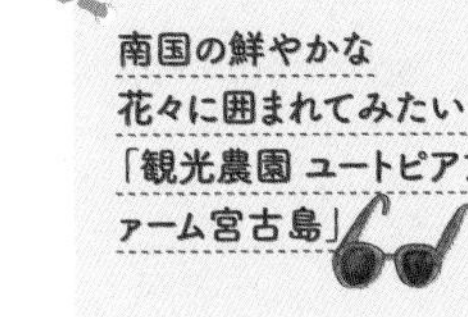

観賞用の温室でブーゲンビリアが咲き乱れる様子は、まさに南国の楽園。☎0980-76-2949 住宮古島市上野宮国1714-2 ¥入園料480円 🕒10時～16時30分入園 休日曜 交宮古空港から13km P15台 MAP折込表D6

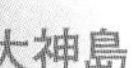

5 保良泉ビーチ（ぼらがーびーち）

プールも楽しめる 施設充実の天然ビーチ

南海岸に位置し、波打ち際のすぐ近くにサンゴ礁もある。ビーチ隣接のプールや、パーラー、温水シャワーなど設備が整っているのに加え、ビーチスタッフも常駐しているので安心。

保良泉ビーチデータ

☎0980-77-7577(アイランドワークス) 住宮古島市城辺保良1139-1 ¥ビーチ・駐車場は入場無料 🕒遊泳時間9～17時（季節により異なる） 休無休 交宮古空港から20km P30台 MAP折込表F6

シャワー ○ トイレ ○ 更衣室 ○
売店 ○ 夕日 ×

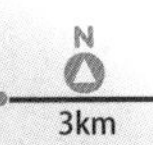

83
宮古島
観光農園
ユートピアファーム宮古島
390
6吉野海岸
5保良泉ビーチ
7イムギャーマリンガーデン
東平安名崎

6 吉野海岸（よしのかいがん）

浜のすぐそばからサンゴ礁が広がり、浅瀬では熱帯魚も見られる。浜へ向かう途中の高台から見る景色もおすすめ。

吉野海岸DATA

☎なし 住宮古島市城辺新城1422-95 ¥無料 🕒休入場自由 交宮古空港から15km P10台 MAP折込表F6

シャワー ○ トイレ ○ 更衣室 ○
売店 ○ 夕日 ×

7 イムギャーマリンガーデン（いむぎゃーまりんがーでん）

自然の地形を生かして造られた海浜公園。大きな入江は、まるで岩に囲まれたプールのよう。遊歩道や展望台もある。

イムギャーマリンガーデンDATA

☎0980-79-7813（宮古島市農林水産部農政課） 住宮古島市城辺友利 ¥無料 🕒休入場自由 交宮古空港から11km P10台 MAP折込表D6

シャワー ○ トイレ ○ 更衣室 ×
売店 × 夕日 ×

宮古の海うんちく

サンゴ礁が発達してできた琉球石灰岩から成る宮古島には、山や川がなく土砂が流れ込まないため、海の透明度が高い。浜辺近くからサンゴ礁が広がり、熱帯魚も見られる。遊泳禁止のビーチもあるので、安全には充分注意しよう。

市街から車で10分とアクセスも便利なサンセットビーチ（MAP折込表C5）は、人工の海水浴場。夕日スポットとしても人気です。

水着ひとつで気軽に参加できる とっておきの海遊びです

幻の鍾乳洞に感動〜！

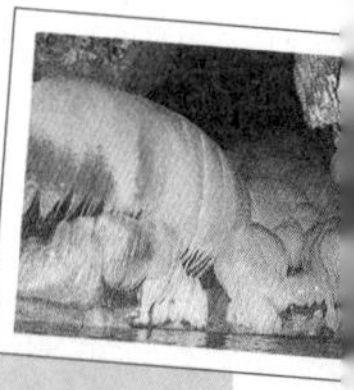

サンゴ礁群・八重干瀬（やびじ）やスリル満点の鍾乳洞ツアーと、
遊びどころ満載の宮古の海。鮮やかな青の世界を思う存分楽しみましょう。

シーカヤック

所要時間 5時間40分

カヤックで不思議な鍾乳洞を探検

地元で竜宮城ともよばれる神聖な鍾乳洞と無人ビーチを巡るツアー。巨大な鍾乳石がある洞窟内の光景は息をのむほど感動的！　無人ビーチではシュノーケリングも楽しめる。

ツアー内容

アドベンチャーカヤック

●料金：1万3750円（カヤック器材一式、ライフジャケット、シュノーケル、ラッシュガード、昼食・ドリンク代、プール入場料、施設使用料、講習代、ガイド料、保険料込み）**●催行時間**：要問合せ（保良泉ビーチ集合）**●参加人数**：1名～ **●持ち物**：水着、タオル ※要予約 ※潮汐の時間によって鍾乳洞へ行ける時間が変わるので、事前にツアー時間を確認しておこう

ココで体験

あいらんどわーくす
アイランドワークス

☎0980-77-7577 住宮古島市城辺保良1139-1
🕘9～17時 休無休 交宮古空港から18km P30台
MAP折込表F6

※水着・ショートパンツ以外はレンタル可

こんな風に体験！

カヤックの漕ぎ方などを丁寧に教えてくれる

安定感抜群のカヤックに乗って、まずは無人ビーチへ出発

鍾乳洞へ向かう前に、みんなでワイワイ腹ごしらえ

シュノーケリングで、美ら海の魅力をたっぷり満喫

海遊びの後は
水着でも楽しめる
「シギラ黄金
温泉」へ

島の南部に位置する天然温泉。温泉の泉質はナトリウム塩化物温泉。
☎0980-74-7340 ¥入湯2000円 🕒11～22時(最終入館21時30分) 休無休 P40台 MAP折込表D6

シュノーケリング

所要時間 3時間30分

サンゴの大陸を魚気分でお散歩！

広大なサンゴ礁と鮮やかな海の生き物に出会える人気のシュノーケリング。スタッフが優しくエスコートしてくれるので、初心者も安心。

ツアー内容

八重干瀬シュノーケリング
●料金：9500円（器材一式、ウエットスーツ、マリンブーツ、ドリンク代、乗船料、保険料込み）●催行時間：9時（池間島集合）●参加人数：1名～ ●持ち物：水着（着用して集合）、タオル ※要予約

体験スタイルチェック！

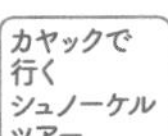

※水着以外はレンタル込み

やびじまりんはーとみやこじま
八重干瀬マリンハート宮古島　ココで体験
☎0980-72-0405 住宮古島市平良久貝753-1 🕒7～20時 休無休(冬期は不定休) 交宮古空港から6km P5台 MAP折込表C2(集合場所)

こんな風に体験！

インストラクターが丁寧にレクチャー

安全に装着されているかしっかりと確認

海に慣れるため、まずは水面で練習を

シュノーケリング中の写真も撮ってくれる

リゾートホテルでマリンアクティビティ

しぎらびーちはうす
シギラビーチハウス

気軽に遊べるメニューが充実。人気のマリンアクティビティSUP（ビーチから少し離れた場所で行う）も。要予約。
☎0980-74-7206（シギラフィールドハウス）住宮古島市上野新里1405-214 🕒9～17時（受付）休12～3月中旬（マリンアクティビティは無休）交宮古空港から9km P40台(有料) MAP折込表D6

▲100種類以上の熱帯魚が泳ぐシギラビーチ

カヤックで行くシュノーケルツアー	●所要：2時間30分 ●料金：9900円～ ●参加人数：2名以上
体験ダイビング	●所要：2時間 ●料金：1万1000円～ ●参加人数：2名以上

みやこじま とうきゅうほてるあんどりぞーつ
宮古島 東急ホテル&リゾーツ

ホテルの目の前に広がる美景ビーチ与那覇前浜で、バナナボートなどのアクティビティや、人気のSUPなどの貸し出しを行っている。宿泊客はマリンメニューが割引になるほか、ビーチタオルやパラソル、チェアーの無料レンタルもあり。
(→P113) 🕒9時～16時30分（受付）休無休

▲バナナボートなど、気軽に体験できるメニューも豊富

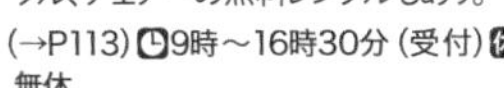

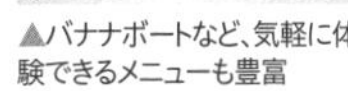

グラスボート	●所要：約40分 ●料金：2500円～ ●参加人数：1～20名
バナナボート	●所要：約10分 ●料金：2500円～ ●参加人数：2～6名

ほてるあとーるえめらるどみやこじま
ホテルアトールエメラルド宮古島

伊良部大橋まで車で5分という立地で、伊良部島など周辺離島での海遊びを展開。前浜エンジョイプランは、バナナボートなどが楽しめる。パラセーリング（1人乗り、2人乗り）や、サンセットカヤック&ナイトシュノーケルツアーも好評。要予約。
(→P114) 🕒8～17時(受付) 休季節営業

▲シュノーケリングやカヤックのツアーも開催している

ノリノリ前浜エンジョイプラン	●所要：体験内容により変動あり ●料金：5500円 ●参加人数：1名～
パラセーリング（与那覇前浜開催）	●所要：2時間 ●料金：9000円～ ●参加人数：1名～

八重干瀬（やびじ）（MAP折込表C1）とは、池間島の北方沖にあるサンゴ礁群。日本最大規模といわれ大小100種類以上のサンゴ礁が点在しています。

宮古そば、宮古牛etc.
食べたいもの大集合！

定番・宮古そばから、料理人こだわりの創作メニューまで、バラエティに富んだ島グルメを味わってみましょう！

宮古そば

宮古で、まずは一杯味わいたい王道メニュー。店主のアイデアが光る個性派そばにも注目！

宮古そば 550円
見た目はシンプルだが、細麺の下にはなんと豚肉とかまぼこが！

南部

まるよししょくどう

丸吉食堂

宮古島に伝わる具隠れそば

豚骨とカツオのダシに、ニンニクを加えたこってりスープが特徴。ボリューム満点のソーキそば、てびちそば各1100円もおすすめ。

☎0980-77-4211 住宮古島市城辺砂川975 ⏰10時30分～15時（売切れ次第終了）休火・金曜 P30台 交宮古空港から9km MAP折込表D6

県道390号沿い。座敷もある

宮古そばうんちく

その1 具が麺の下にある?!
昔から、具材を麺の下に隠す風習がある宮古そば。具なしそばが出てきたら、麺の下をチェックしてみて！

その2 カレー粉を入れるのが通?!
カレー粉をかけて味の変化を楽しむ、一風変わった食べ方がそば好きの間で人気。一度お試しを

併設の売店では、そばの麺を購入できる

平良市街

こじゃそばや

古謝そば屋

コシのある自家製麺が絶妙

創業80年以上の製麺所直営。食感のいいストレート麺と、カツオの風味豊かなスープが相性抜群。てびちそば、KOJASOBA各880円も人気。

☎0980-72-8304 住宮古島市平良下里1517-1 ⏰11～16時LO 休水曜 P20台 交宮古空港から4.5km MAP折込表C5

ソーキそば 880円
具は甘辛く煮込んだソーキ（豚のあばら肉）と、ホウレンソウ

すむばりそば 1380円
しっかりとだしが利いたスープに、食感のいいタコやアオサがたっぷり

北部

すむばりしょくどう

すむばり食堂

磯風味の個性派そば

女性店主の料理が評判の人気店。地元産の海ぶどうを使った料理のほか、墨入りタコそば1380円など、ひと工夫アレンジを加えたそばが人気。

☎0980-72-5813 住宮古島市平良狩俣768-4 ⏰11～17時 休水曜 P10台 交宮古空港から16.5km MAP折込表C2

池間島へ行く途中にある

※てびち＝豚足　ソーキ＝豚のあばら肉

大海原の夕景を船上から眺めるクルージング

大型豪華客船「ベイクルーズ宮古島モンブラン」では、サンセットクルーズとディナービュッフェ、三線ライブを楽しめる。要予約。☎0980-72-6641 ¥9000円（所要約2時間） MAP折込表・平良市街中央

島素材ごはん

宮古牛や山羊肉など、本州ではなじみのない食材が新鮮。宮古ならではの味を楽しんで。

宮古牛希少部位5種盛り合わせ(1枚ずつ) 2800円（手前）
焼きしゃぶ サーロイン 3850円～（奥）
焼きしゃぶは炙る程度がおすすめ

もうひと皿

焼きテビチ 1個740円
下ゆでした豚足は焼き網で炙ってからピリ辛ダレで味わうスタイル。骨周りの肉がうまい

食材memo　宮古牛⁂ここ数年でブランドが確立して居酒屋などのメニューに登場。脂身が多く、甘みがあると評判

平良市街

やきにくなかお

焼肉なかお

A4ランクの宮古牛を焼肉で堪能

A4ランク以上の宮古牛を中心に扱う。希少部位の食べ比べや、黄身入りのタレで味わう焼きしゃぶ、島豆腐のスンドゥブ990円など。

☎0980-79-0429 住宮古島市平良西里244 ⏰17時～売切れ次第終了 休不定休 Pなし 交宮古空港から5km MAP折込表・平良市街右下

テーブル席のほか、個室もある

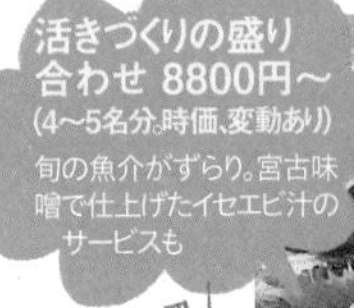

刺身五点盛り 1400円～
近海でとれた魚の盛合せ。内容は日によって異なる

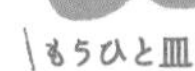

イカスミそーめんチャンプルー 700円
沖縄の郷土料理、イカスミ汁をアレンジ。歯ごたえのいいイカが入っている

座敷席や個室も備わる

平良市街

さかなどころ しけんばる

肴処 志堅原

島食材の創作料理が人気

新鮮な島魚の刺身や煮物、焼き物から、エビとアボカドのジーマミー豆腐和えなどの島食材を使った創作料理までメニューが豊富。

☎0980-79-0553 住宮古島市平良西里236 ⏰18～23時 休火曜 Pなし 交宮古空港から6km MAP折込表・平良市街中央

食材memo　アーサ⁂春先に海岸で収穫される海藻。吸い物や天ぷらのほか、最近は宮古そばの具にする店もある

活きづくりの盛り合わせ 8800円～（4～5名分。時価、変動あり）
旬の魚介がずらり。宮古味噌で仕上げたイセエビ汁のサービスも

もうひと皿

活きガザミ・やしがにの塩茹で 3300円～（時価により変動あり）
生簀に常備。とれたて、ゆでたてのため、クセがなく甘みも強い

店内にも生簀を設置

平良市街

れすとらん うみのさち

レストラン 海の幸

生きのいい地産鮮魚

淡水、海水用の大型の生簀がある海鮮料理専門店。漁師の父がとった新鮮な魚介を提供。生簀料理以外にも、刺身付き定食などがある。

☎0980-72-0767 住宮古島市平良下里207-3 ⏰11時30分～13時30分LO、17～20時LO 休日曜 P16台 交宮古空港から7km MAP折込表・平良市街左下

食材memo　魚介⁂宮古近海はカツオの漁獲量が多い。沿岸ではもずくやクルマエビの養殖も行っている

ピンク色の果実・ドラゴンフルーツの蕾（つぼみ）は、歯ごたえがあり、天ぷらにすると美味。メニューに出すお店もあります。

海沿いのカフェで見つけた 海と緑を望むベストシート

目の前に広がる自然を眺めているだけで、心がほっと安らぐ…。宮古のカフェには、そんなステキな場所がたくさんあります。

ココが ベストシート
夏場でも風が吹き抜けるので涼しい。眼下には太平洋が一望できる

南部

しまかふぇ とぅんからや

島cafe とぅんからや

高台からの景観にうっとり

南海岸の海を見下ろせる絶景カフェ。青と緑のコントラストが美しく、まるで絵はがきのような景観にひきこまれる。ランチは宮古牛の自家製タコライス、宮古島産和牛ハンバーグなどが揃う。敷地内には雑貨店や陶器工房を併設。シーサー作り体験（1名～、¥2200円～、所要2時間、要予約【太陽が窯】☎0980-76-2266）も行っている。

☎0980-76-2674 住宮古島市上野新里1214 ⏰11～17時、ランチは～14時LO、売切れ次第終了 休月・木曜 交宮古空港から8.5㎞ P20台 MAP折込表D6

おすすめスイーツ

黒糖サタパンビンアイス 715円
自家製の沖縄風ドーナツに好きなアイスをトッピングできる

生マグロの沖縄ポキボウル 1760円
新鮮なマグロや宮古島産の海ぶどう、もずくのカラフルな一皿

ブルーパイナップルソーダ825円やスムージーなどドリンクも充実

来間島のパーラーで20種以上のスムージーを味わう

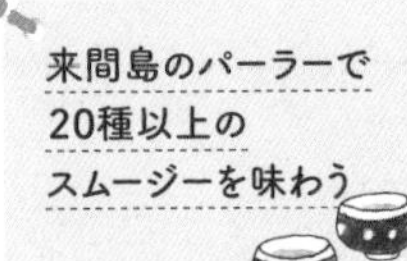

AOSORA PARLORでは宮古島産マンゴースムージー850円が人気。☎0980-76-3900 住宮古島市下地来間104-1 ⏰10〜17時（12〜13時は昼休憩）休不定休 交宮古空港から10km P15台 MAP折込表C6

おすすめスイーツ

オリジナルフローズンドリンク880円
パイナップルの果肉入りでトロピカルな味わい。テイクアウトもOK

平良タウン
ぱいな てらす
Paina Terrace

テラスからビーチを一望

2階のテラス席から、昼間はブルーに輝くパイナガマビーチ（→P102）、夕刻にはサンセットを眺められる。オリジナルアイスキャンディー550円はビーチ散歩のお供におすすめ。

☎0980-79-5870 住宮古島市平良下里215-3 2階 ⏰11〜14時、17〜21時 休水曜（季節により変動あり）交宮古空港から7km Pなし MAP折込表・平良市街左下

タコライス1100円（スープ、ドリンク付き。アボカド+300円）

店内にはソファー席もある

おすすめスイーツ

パインマンゴーヨーグルトスムージー880円
主にフレッシュフルーツを使ったビタミンカラーのスムージーは写真映え確実！

伊良部島
ぶるー たーとる
Blue Turtle

真っ青な海が目の前に広がる

渡口の浜に面して立つスタイリッシュな海カフェ。テラス席は水着で利用可能で、無料シャワーも設置している。本格的な洋食メニューや島素材のスムージーが人気。

☎0980-74-5333 住宮古島市伊良部伊良部1352-16 ⏰11時〜21時30分 休無休（荒天時を除く）交宮古空港から16.9km P15台 MAP折込表A4

宮古牛のハンバーグ自家製デミグラスソース1980円が人気

ビーチパラソルのレンタルあり

おすすめスイーツ

島のぜんざいかき氷1100円（並）
黒糖味で煮た小豆や金時豆、麦にシャリシャリの氷をのせ、きび糖塩みるくアイス、白玉をトッピング

北部
みやこきびちゃや
宮古きび茶屋

サトウキビスイーツが大人気

西平安名崎（→P101）の近くにある甘味処。自家農園のサトウキビで作るきび糖や黒蜜などを各種スイーツで使用。サトウキビを自分で搾れる生搾りジュースは上品な甘さが好評。

☎なし 住宮古島市平良狩俣129 ⏰10時〜16時30分LO 休不定休 交宮古空港から17km P15台 MAP折込表C2

黒糖わらびもちとアイスクリーム750円は、どちらも自家製

店内やテラス席で味わえる

通常の小豆より栄養価が高いといわれる宮古島の小豆。近年はカフェやケーキ店で、スイーツとして楽しめます。

島の素朴な材料が生かされた かわいい宮古みやげ

宮古島の自然の恵みが詰まった食品や、温もりある手仕事雑貨。
島旅の余韻にひたれるアイテムをおみやげに買いたい。

心踊るポップな島てぬぐい

テヌグイ
（島バナナ、マンゴー、魚、パーントゥ、海）各1210円
モチーフは沖縄の食材や草花、生き物など、約20種類あります。柄違いで揃えたくなりそう B

ファッションのアクセントに

キーホルダー
7900円
つやつやと輝く赤いサンゴ玉と、効かせ色のターコイズの組み合わせ A

南国モチーフの刺繍がさりげないワンポイント

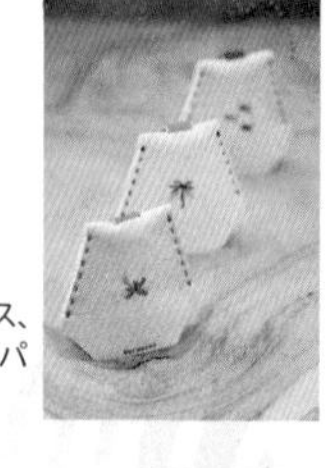

キーケース
各3900円
刺繍の柄はハイビスカス、ヤシの木、カメ、魚の4パターンがある C

おばぁちゃんが手編みで製作

月桃のバッグ
3000円～
防虫効果のある月桃の茎を編み込んだバッグ。軽くて夏にぴったり D

収納力抜群で使いやすい！

三つ折り財布
各1万9900円
コンパクトながらお札と小銭、カードを別々にたっぷりと収納できる C

来間島
はんどめいどあくせさりー うたたね
ハンドメイドアクセサリー utatane A

作品はすべてサンゴや夜光貝、流木を加工した1点物。
☎0980-76-3725 住宮古島市下地来間105-9 ⏰10～17時(12～13時は昼休憩) 休不定休 交宮古空港から10km P3台 MAP折込表C6

平良市街
でざいん まっち
DESIGN MATCH B

植物や文化など、宮古島のあらゆる要素を汲み取りデザインで表現。滞在中にも重宝する雑貨が揃う。
☎0980-79-0239 住宮古島市平良下里572-3 ⏰10～19時 休不定休 交宮古空港から6km Pなし MAP折込表・平良市街右下

平良市街
そらもよう
soramoyo C

優しい色合いの牛革にオリジナルの刺繍を入れたポーチや財布、ヘアゴムなどの小物や、バッグを手作業で製作。
☎0980-73-0120 住宮古島市平良下里572-3 ⏰11～18時 休不定休 交宮古空港から6km Pなし MAP折込表・平良市街右下

平良市街
みやこじましたいけんこうげいむら
宮古島市体験工芸村 D

染織や陶芸など9工房が集まる体験施設。商品も販売。
☎0980-73-4111／090-2961-4111 住宮古島市平良東仲宗根添1166-286 ⏰10～18時 休工房により異なる(要問合せ) 交宮古空港から4km P20台 MAP折込表D4

宮古島のキャラクター“まもる君”みやげをゲットしよう！

コレクターが出るほど人気の、宮古島オリジナルの交通安全キャラ**宮古島まもる君**。彼をモチーフにした雑貨やお菓子などのさまざまなアイテムは、「DESIGN MATCH」(☞P110)や「島の駅みやこ」(☞P111)でも購入できます。

島フード

パッケージも素敵なフルーツゼリー

RAKUKAゼリー
1個390円
島産や県産のマンゴー、ドラゴンフルーツ、シークヮーサーを使ったゼリー G

完熟フルーツのうまみがぎっしり

ドラゴンフルーツジャム（左）マンゴージャム（右） 各840円
とれたて完熟果実を煮詰めたジャムは、とろりとして香り豊か E

子どもから大人まで島人が大好きなパン

うずまきパン
170円
ほの甘い生地でクリームを巻きカットした、ロールケーキ風のパン F

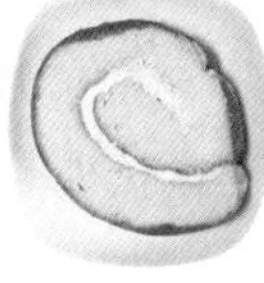

塩味が利いた伝統菓子

雪塩ちんすこう
702円
(2個×12袋入り)
琉球王朝時代から伝わるちんすこうに、ほんのり雪塩の風味がマッチ H

コスメ

お肌にやさしい宮古素材のソープ

Mr.Romantic ミニ石鹸
880円
天然植物オイルをベースに、テリハボクオイルを配合した肌に優しい石鹸 E

宮古島産植物エキスを使ったジェル

ウルバナモイスチャートリートメントジェル
1512円
日焼けした肌や髪など全身に使えるしっとりジェル E

来間島
のうかれすとらん らくえんのかじつ
農家れすとらん 楽園の果実 E
パパイヤパフェ1300円などフルーツのスイーツも人気。
☎0980-76-2991 住宮古島市下地来間476-1 ⌚11～18時(季節により変動あり) 休火曜 交宮古空港から11㎞ P12台 MAP折込表C6

平良市街
くうこうばいてん すなやま
空港売店 砂山 F
宮古島みやげが揃い、島のソウルフード的なおやつ「うずまきパン」も買える。うずまきパンラスク119円も人気。
☎0980-72-7836 住宮古島市平良下里1657-128 ⌚8時～19時30分 休無休 交宮古空港2階 P400台(有料県営駐車場) MAP折込表C5

平良市街
しまのえきみやこ
島の駅みやこ G
お菓子や調味料、加工品などのみやげ品、島産の新鮮な野菜やフルーツを扱う。
☎0980-79-5151 住宮古島市平良久貝870-1 ⌚9～19時(冬期は～18時) 休無休 交宮古空港から5.7km P46台 MAP折込表C5

平良市街
ゆきしおさんど みやこくうこうてん
雪塩さんど 宮古空港店 H
「雪塩」を使ったスイーツの専門店。人気のラスクや「ふわわ」など、種類も豊富。
☎0120-408-385 住宮古島市平良下里1657-128 ⌚8～19時 休無休 交宮古空港2階 P400台(有料県営駐車場) MAP折込表C5

伝統行事・パーントゥ・サトゥプナハに登場する神・パーントゥをモチーフにした雑貨も、宮古みやげにおすすめです。

宮古島で泊まりたい とっておきのリゾートホテル

自然に溶け込むように立つ、リゾートムード満点の宮古のホテル。島の魅力を感じながら、至福のひとときを楽しんで。

南部

しぎらべいさいどすいーと あらまんだ

シギラベイサイドスイート アラマンダ

全室スイートの 大人のリゾートホテル

約140万坪のシギラセブンマイルズリゾートの中にあり、色とりどりの花々が咲き誇るリゾートホテル。客室はすべてスイート。なかでも人気は、プール付きのプールヴィララグーンスイート。海が望める開放的な空間で、優雅なひとときが楽しめる。1棟ずつ独立したプールヴィラロイヤルスイートは、各客室にゲートを設けた完全プライベート空間。リゾート内には、温泉やレストラン、ビーチやゴルフ場など、魅力ある施設が点在。カートに乗って、お出かけ気分で敷地内を散策してみるのもお楽しみ。

☎0570-550-385（宿泊予約センター）住宮古島市上野新里926-25 交宮古空港から9㎞ 送送迎車あり P102台（無料）室174室（スーペリアスイート40室、プールヴィララグーンスイート70室、プールヴィラロイヤルスイート15室ほか）MAP折込表D6

料金

スーペリアスイート

1泊朝食付き一室料金

平日・休前日　6万6000円～

※季節により変動あり

IN 15時 OUT 11時

憧れポイント

プール付き客室に温泉も揃う

プライベートプール付きヴィラ。リゾートの敷地内にある温泉も魅力

広大な敷地に赤瓦の屋根が立ち並ぶプールヴィララグーンスイート

ホテルで1日 リラックスタイム

1 プールヴィラはラウンジも使える

2 海を望むレストランで焼きたてピッツァを

3 お部屋で優雅にエステタイム

4 シギラ黄金温泉でのんびり

1プールヴィララグーンスイート 2メインダイニング「マラルンガ 和琉創作」では、地元食材を取り入れ、会席料理をベースにアレンジした創作料理を楽しめる 3プールヴィラロイヤルスイート

ビーチまで5分以内　オーシャンビューの客室あり　エステ施設あり　プール施設あり　アクティビティ紹介あり

西部

みやこじま とうきゅうほてるあんどりぞーつ

宮古島 東急ホテル&リゾーツ

目の前が白砂の美しいビーチ 優美な景観でゲストを魅了

宮古一美しいといわれる与那覇前浜に立つ大型リゾートホテル。オーシャンウィングとコーラルウィングの2棟から成り、ほとんどの客室がオーシャンビュー。ホテルからすぐのビーチを利用したマリンレジャーのプログラムも充実している。バナナボートをはじめとするアクティビティなどを楽しめるのもうれしい。夕日を眺めながらの、ムード満点の食事も魅力。

贅沢ポイント

人気ビーチが目の前

客室から水着でビーチへ直行でき、気軽に海遊びが楽しめる

料金

スタンダードツイン

1泊朝食付

平日・休前日 2万1780円〜

IN 14時 OUT 11時

☎0980-76-2109 住宮古島市下地与那覇914 交宮古空港から7km 送空港送迎あり(要事前予約) P215台(無料) 室242室(ツイン201室、和洋40室、スイート1室) MAP折込表C6

(上)美景ビーチに臨む(下)ツインルーム

(上)広々としたプール (下)客室の一例

くつろぎポイント

5タイプが揃うプール

ファミリー、キッズ、大人向けと3つの屋外プール、屋内プール2つを完備

料金

ツインデラックスルーム

1室1泊朝食付

平日・休前日 5万4692円〜

IN 15時 OUT 11時

☎0980-75-5500 住宮古島市平良久貝550-7 交宮古空港から7.5km 送無料シャトルバスあり P300台(無料) 室329室 MAP折込裏C4

平良市街

ひるとんおきなわみやこじまりぞーと

ヒルトン沖縄宮古島リゾート

2023年ニューオープン! 注目のラグジュアリーリゾート

2023年、みやこサンセットビーチの隣接地にオープン。全客室にプライベートバルコニーを備え、各客室からは宮古ブルーの海や伊良部大橋、緑越しの街並みなどを望める。5タイプのプールをはじめ、フィットネスセンター、ルーフトップバーなどリゾートステイを楽しめる施設が充実。島食材を取り入れた豪華な朝食ビュッフェも見逃せない。

池間島

あいらんどてらす にーら

アイランドテラス ニーラ

プライベートヴィラで過ごす 贅沢なひととき

地元でアラシッスゥヒダとよばれる天然ビーチのすぐそばに立ち、5棟のヴィラに各棟から直行できる見晴らしのいいプール(共用)が備わっている。チャペル併設のサンセットスイートは、海を望む40㎡のプールやジャクジー付きで、自然を感じながらプライベートタイムが過ごせる。夕食は、海の景色を眺めながら炭火焼ディナーを楽しめる(前日までに要予約)。

贅沢ポイント

独立型ヴィラ

独立型ヴィラは5棟。全棟からビーチまでは徒歩すぐと最高のロケーション

料金

シーサイドスイート

1泊朝食付き

2万6620円〜

IN 15時 OUT 11時

☎0980-74-4678 住宮古島市平良前里317-1 交宮古空港から20km 送送迎あり P14台(無料) 室5棟(シーサイドスイート3棟、ロイヤルスイート1棟、サンセットスイート1棟) MAP折込表B2

(上)サンセットスイート棟とスパ棟(下)眺望抜群のプール

宮古島のホテル

アクセスに便利な市街のホテルから
海を望むプチリゾートまで、
評判の宿泊施設をご案内。

南部

ほてるぶりーずべいまりーな

ホテル ブリーズベイマリーナ

海辺にたたずむリゾートホテル

3つの建物から成り、客室タイプが豊富。愛犬と泊まれる部屋やキッチン付きの部屋もある。タワー館は全室オーシャンビューで、レストランなども充実。DATA ☎0570-550-385(宿泊予約センター) 住宮古島市上野宮国784-1 ¥平日・休前日1万8700円～(1泊朝食付ツインルーム)※季節により変動あり 時IN15時 OUT11時 交宮古空港から7km P213台 室304室(スタンダードツイン245室ほか ※3室はドッグフレンドリールーム) MAP折込表D6

平良市街

ほてるあとーるえめらるどみやこじま

ホテルアトールエメラルド宮古島

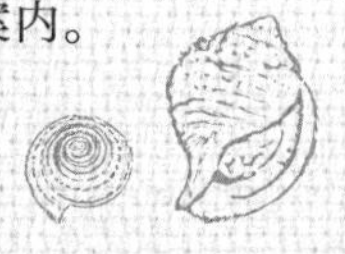

伊良部大橋に近いシティホテル

周辺離島への移動はもちろん、繁華街やパイナガマ公園にも徒歩圏内と利便性抜群。全客室から沖に浮かぶ伊良部島が望める。檜風呂付きの和室がおすすめ。DATA ☎0980-73-9800 住宮古島市平良下里108-7 ¥平日・休前日1万3200円～(1泊朝食付ツインルーム) 時IN15時 OUT11時 交宮古空港から6km P110台 室137室(スタンダードツイン80室、和室4室ほか) MAP折込表・平良市街中央

平良市街

せんとらるりぞーとみやこじま

セントラルリゾート宮古島

グルメや買い物の拠点に最適

飲食店やショップが集まる平良タウンの中心部で便利な立地。ルーフトップテラスやコワーキングスペースを完備。ロッカーの利用無料。食事は朝食のみ。DATA ☎0980-73-2002 住宮古島市平良西里228-1 ¥平日・休前日8000円～(1泊朝食付ツインルーム) 時IN14時 OUT11時 交宮古空港から6km P12台(有料) 室135室(洋室119和室9、和洋室7) MAP折込裏・平良市街中央

平良タウン

ほてる ろーかす

HOTEL LOCUS

ビーチにも近い街なかホテル

市街地にあり、メゾネットダブルやプライベートプール付きなど8タイプが揃う。客室は全室ハーバービュー。郷土料理の体験、マリンレジャーなどアクティビティが充実。人気ハンバーガーショップ「DOUG'S BURGER」が手がけるレストランの食事も好評。DATA ☎0980-79-0240 住宮古島平良下里 338-40 ¥平日・休前日1万2000円～(1泊朝食付ツインルーム) 時IN15時 OUT11時 交宮古空港から6km(送迎なし) P75台(無料) 室100室(洋室100) MAP折込表・平良市街中央

南部

あらまんだ いんぎゃーこーらるうぃれっじ

アラマンダ インギャー コーラルヴィレッジ

コテージで別荘のような滞在を

温泉やゴルフ場などを擁するシギラセブンマイルズリゾート内のホテル。全客室にジェットバス付きテラス、ロフト、洗濯機などを備えたプライベートコテージタイプ。DATA ☎0570-550-385(宿泊予約センター) 住宮古島市城辺友利542 ¥平日・休前日2万7500円～(1泊朝食付ジャグジーヴィラ) 時IN15時 OUT11時 交宮古空港から9km Pあり(無料) 室18棟72室 MAP折込裏D6

平良市街

ほてるぴーすあいらんど みやこじましやくしょどおり

ホテルピースアイランド宮古島市役所通り

立地の良さと充実した施設が魅力

平良タウンの中心部に立地。全客室に乾燥機能付き洗濯機と電子レンジを完備。オーシャンビューの大浴場、ダイビングの器材洗い場も完備されている。DATA ☎0980-79-5071 住宮古島市平良西里328 ¥平日・休前日8000円～(1泊朝食付ツインルーム) 時IN14時 OUT11時 交宮古空港から3km P30台(有料) 室98室(シングル18室、ツイン53室、バリアフリー1室ほか) MAP折込表・平良市街中央

池間島

らさ・こすみか つーりすとほーむ

ラサ・コスミカ ツーリストホーム

古城のような空間でゆったりと

池間島にある独特な雰囲気の宿。オリエンタルな調度品を配した客室からは海が見渡せる。朝食は野菜中心のメニューを用意。予約はウェブサイトからのみ受付け(http://raza-cosmica.jimdofree.com)。DATA ☎0980-75-2020 住宮古島市平良前里309-1 ¥平日・休前日7000円(素泊まり) 時IN15時 OUT10時 交宮古空港から21km P3台 室4室(ツイン4室) MAP折込表B2

 ビーチまで5分以内　オーシャンビューの客室あり　エステ施設あり　プール施設あり　アクティビティ紹介あり

ココにも行きたい

宮古島のおすすめスポット

北部

ゆきしおみゅーじあむ

雪塩ミュージアム

宮古島名物「雪塩」商品がいっぱい

宮古島の地下海水を原料とする「雪塩」の製塩所。ガイドが、製造工程から雪塩を使ったレシピや美容法まで丁寧に教えてくれる。併設されているショップでは雪塩ソフトを味わえるほか、ホームスパ495円など美容商品の体験もできる。DATA☎0980-72-5667 住宮古島市平良狩俣191 ¥見学無料 ⏰9～18時(9～3月は～17時) 休無休 交宮古空港から18km P15台 MAP折込表C2

平良市街

しーさーものがたり

シーサーモノガタリ

大人もハマるマイシーサー作り

土の塊から成形していくシーサー作り体験が人気。世界でひとつだけのシーサーは旅の思い出の品に。店内では店主・球真さんの陶器作品も販売。DATA☎0980-75-0660 住宮古島市平良松原1135-6 ¥シーサー、器作り体験ともに4290円(材料、焼成代込み。送料別途)※体験は1名～。予約がベター ⏰10～18時 休不定休 交宮古空港から4km P5台 MAP折込表C5

北部

かふぇ いらよい

Cafe Irayoi

丁寧に仕込んだ島食材料理

西平安名崎(→P101)近くにある古民家カフェ。車えびスパイスカレーやつるりとした口当たりの手打ち麺を使った木灰そば各1100円、島のはちみつナッツパフェ800円などのスイーツが味わえる。DATA☎080-8573-0387 住宮古島市平良狩俣186-2 ⏰8時～売切れ次第終了 休不定休 交宮古空港から17km P共同駐車場5台 MAP折込表C2

平良市街

りゅうきゅういざかやあぱらぎ

琉球居酒屋あぱら樹

多彩な郷土料理のオンパレード

宮古そば650円や、豆腐、ゴーヤ、パパイヤなどのチャンプルー各650円～、といった自慢のメニューは常時約45種類。ピザ1200円など、バラエティの豊富さも人気の理由。座敷でくつろぎながら、泡盛とともに楽しみたい。DATA☎0980-73-6655 住宮古島市平良西里399-1 ⏰11～21時LO(居酒屋営業は16時～) 休不定休 交宮古空港から5km P8台 MAP折込表・平良市街右下

平良市街

もじゃのぱんや

モジャのパン屋

素朴で滋味豊かなパン

上質な小麦など素材の風味を巧く引き出した優しい味わいのパンを、対面で販売。シンプルなまるぱん200円や風味豊かなチョコレートがたっぷりと入ったちょこぱん300円が人気。香り高い自家焙煎コーヒー350円もテイクアウト可能。DATA☎なし 住宮古島市平良東仲宗根20 ⏰10時～売切れ次第終了 休日・月曜 交宮古空港から6km Pなし MAP折込表・平良市街右上

平良市街

りっこ じぇらーと

RICCO gelato

島食材を使ったジェラート

看板スイーツ、ジェラート580円～は、旬のフルーツや紫イモ、宮古小豆、泡盛など、島の素材を使ったフレーバーが楽しめる。みやげや贈り物に、ジェラートの詰め合わせもおすすめ。DATA☎なし 住宮古島市平良下里550 ⏰11～18時(提供は～17時45分)休火・水曜(SNSで確認を)交宮古空港から6km Pなし MAP折込表・平良市街右下

宮古ナイトはまったりバー＆民謡酒場へ

宮古島の夜をにぎやかに過ごしたいなら、歌って踊る民謡酒場もおすすめです。

みやこじま さんしんらいぶいざかや ちゅらしま

宮古島 三線ライブ居酒屋 美ら島

演者と一緒に大盛り上がり!

宮古島まもる君など島のキャラクターが登場する島唄ライブと、沖縄料理を同時に楽しめる。DATA☎0980-79-9788 住宮古島市平良西里303 ¥ライブチャージ1000円 ⏰18時～22時30分LO 休木曜 交宮古空港から6km Pなし MAP折込表・平良市街右下

しまうたいざかや きやま

島唄居酒屋 喜山

民謡中心のライブが人気

近海魚や宮古牛など地元食材を使ったメニューが充実。島唄ライブでは、宮古民謡が主に演奏される。要予約。DATA☎0980-72-6234 住宮古島市平良西里244 ¥ライブチャージ600円 ⏰17～23時 休火曜 交宮古空港から6km Pなし MAP折込表・平良市街中央

あわもりとおきなわりょうり ごうや

泡盛と沖縄料理 郷家

宮古の唄と踊りに酔いしれる

民謡ライブは毎夜19時から。ラストは伝統踊りで盛り上がる。DATA☎0980-74-2358 住宮古島市平良西里570-2 ¥ライブチャージ500円 ⏰17時30分～21時LO 休木曜、ほか不定休 交宮古空港から5km P10台 MAP折込表・平良市街右下

平良市街のメインストリートは2つ。下里大通りはみやげ店、西里大通りは飲食店が多く、徒歩で移動できます。

おいしくお酒を味わうために 泡盛(あわもり)のイロハをお勉強

沖縄の地酒・泡盛は、原料や作り方が独特なんです。
奥ゆかしい味や香りの秘密を知って、もっと楽しみましょう。

泡盛ってこんなお酒なんです

アルコール度数が高めで、すっきりした飲み口。
宴席のお供はもちろん、調味料としても重宝されています。

泡盛の歴史

泡盛の歴史は約600年前にさかのぼる。当時琉球は、中国や東南アジアと交易を行っており、周辺国の文化や技術が流入していた。泡盛の酒造技術がシャム（現在のタイ）から伝わったのもそのころだという。

泡盛の製法は？

泡盛はお酒のジャンルとしては米焼酎に分類されるが、通常の焼酎とは全く違い、硬質のインディカ米（タイ米）を細かく砕いたものを原料とし、麹菌も黒麹菌を用いる（通常の焼酎は白麹菌）。製法も「全麹仕込み」という方法で、素材の味がダイレクトに表れ、他にはない独特の飲み口に仕上がるのだとか。瓶に詰めたまま熟成させることができるため、比較的安価で古酒（クース）が入手できるのも魅力。現在、沖縄県内にある47の酒造所のうち、八重山諸島には10軒、宮古諸島には6軒ある。添加物を使わず伝統製法を用いる、島の天然水で仕込むなど酒造所によって個性もさまざまだ。

こんな風に作られています

1 洗米、米蒸し

ドラム型米蒸し機で米を蒸し、黒麹を定着させます

2 麹作り

麹部屋に米を移し、黒麹を24時間かけて育てます

3 仕込み

2をタンクに移し水、酒母を加えもろみを発酵させます

4 蒸留

石垣伝統の直火蒸溜にかけて43度の泡盛が誕生

※工程のおおまかな流れをまとめたものです。

うちなーオススメの飲み方

1 水割りでゆるゆると

長い時間ゆっくりとお酒を楽しむため、水割りでチビチビ飲むのがうちなー流。各酒造所も、水割りを想定して味を決めているのだとか。

2 炭酸割りでさっぱり

さわやかな飲み口が泡盛本来のコクを引き出す炭酸割り。シークワーサーやライム、レモンなどの絞り汁を加えるとさらに爽快感がアップ。

お酒の試飲はこちらで

石垣島

せいふくしゅぞう あわもりこうじょう
請福酒造 泡盛工場

30種以上の請福酒造のお酒が試飲できる。泡盛用のグラスなど、みやげに最適なオリジナルグッズも人気。工場見学は時間制。

☎0980-84-4118 住石垣市宮良959 ⏰10～17時 休土・日曜、祝日 P7台 交新石垣空港から7km MAP折込裏D7

限定販売の秘蔵古酒もある

ひと目でわかる 泡盛味チャート

酒造所によって、
味のバリエーションはさまざまです。
好みの一本を探すとき、
ぜひ参考にしてください。

香りが強い／香りがほのか／さっぱり／濃厚

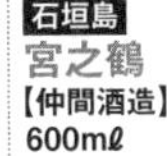

石垣島
宮之鶴
【仲間酒造】
600mℓ
濃いめの飲み口で独特のクセがある

石垣島
玉の露
【玉那覇酒造】
720mℓ
古酒のような香りがあり、口当たりまろやか

石垣島
白百合
【池原酒造】
720mℓ
一度飲んだら忘れられない個性の強い味

宮古島
古酒琉球王朝
【多良川酒造】
720mℓ
宮古島で最もポピュラーな品種。口当たりがいい

石垣島
於茂登
【高嶺酒造】
600mℓ
クセがなくスタンダードな飲み口

石垣島
直火請福
【請福酒造】600mℓ
ややこってり感があり、ピリッとした後味

波照間島
泡波
【波照間酒造】
600mℓ
島内以外はほぼ流通しない幻の酒

与那国島
どなん
【国泉酒造】600mℓ
泡盛界屈指の強いお酒。アルコール60度

石垣島
八重泉
【八重泉酒造】
720mℓ
淡泊な味わいで、非常に飲みやすい

宮古島
菊之露
【菊之露酒造】1800mℓ
さわやかな飲み口でフルーティな甘みもある

変わり種の泡盛もあります

通常の泡盛にアクセントを加えたリキュール系の泡盛もたくさんあります。水や炭酸で割っても、カクテルのベースとして使うのもおすすめです。

石垣島
請福生姜
【請福酒造】
720mℓ
ピリッとした生姜の辛みとまろやかな黒糖の甘みがマッチ

石垣島
請福梅酒
【請福酒造】
720mℓ
日本最南端で造られた梅酒。最高級の梅「南高梅」を使用

\お気に入りの泡盛ここで買えます/

石垣島
いなふくしゅはん
稲福酒販

八重山諸島や沖縄本島の泡盛を中心に、ワインや日本酒も扱っている。

☎0980-82-6363 住石垣市美崎町7-11 ⏰10～23時（変動あり） 休日曜 P4台 交離島ターミナルから250m MAP折込裏・石垣タウン左上

泡盛に加えて洋酒なども豊富に揃える

石垣・宮古へのアクセス

本州からの飛行機の直行便は、便数が少ないので、那覇で乗り継ぐのが一般的です。

直行便が乗り換えなしで便利

直行便の予約は早めに！
石垣便、宮古便とも便数が少ないので、予約は早くが鉄則です。

■石垣島・宮古島への直行便

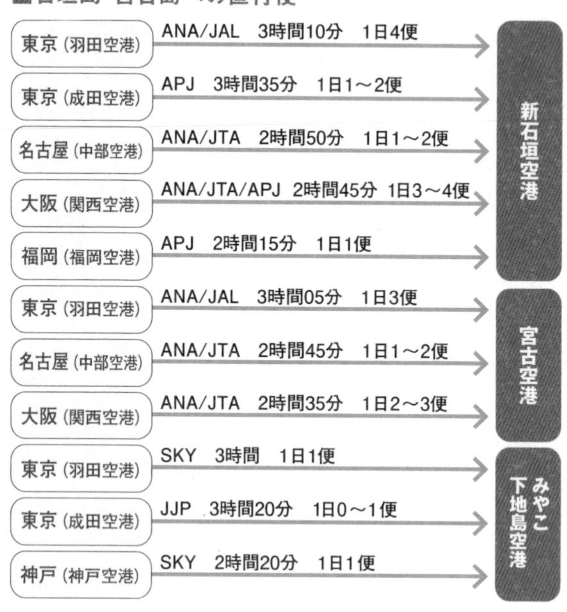

乗り継ぎ便は那覇乗り継ぎです

■那覇空港経由で石垣島・宮古島へ

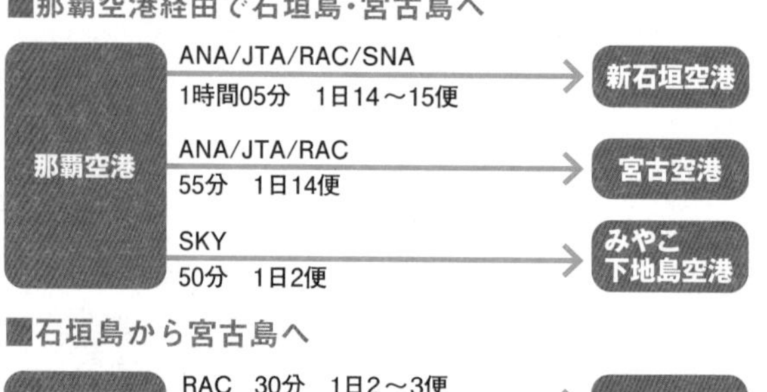

ワンポイント 空港からのアクセス

新石垣空港

	所要時間	ねだん
路線バス（空港から市内へ）	30～40分	500円（カリー観光）540円（東バス）
タクシー（空港から市内へ）	約25分	約3300円

宮古空港

	所要時間	ねだん
路線バス（空港から市内へ）	17分	300円
タクシー（空港から市内へ）	約10分	約1700円

みやこ下地島空港

	所要時間	ねだん
路線バス（空港から宮古島市内へ）	25～27分	600円
タクシー（空港から宮古島市内へ）	約25分	約3500円

那覇空港の乗り継ぎ時間に注意

ANA⇒ANA、JAL/JTA⇒JTAの乗継には、最低30分以上、JAL/JTA⇒ANA、ANA⇒JTAの場合も30分以上必要。RACへの乗り継ぎにはさらに+5分ほど余計にみておきたい。

ANA、JAL、SKYの乗り継ぎ割引を利用

石垣島・宮古島への直行便が少ないため、同日中に那覇で乗り継ぐ場合に利用できる乗継割引を設けている。

※航空のねだんは、搭乗日、利用する便や航空会社の空席予測などで変わります。詳しくは、各社のホームページでご確認ください。

離島へのアクセス

石垣島から八重山諸島へは高速船を。離れている与那国島へは飛行機で。

石垣島から八重山諸島への高速船と航空路線

八重山諸島の各島への船は石垣港を起点に運航。高速船は石垣港の離島ターミナルから発着する。
離島ターミナルについて詳しくは☞P62へ。

時 4時間
¥ 3610円
福山海運

時 30分
¥ 1万6610～1万8480円
RAC
（琉球エアーコミューター）

時 45～55分
¥ 2990円
安栄観光
八重山観光フェリー

時 25～30分
¥ 1560円
安栄観光
八重山観光フェリー

与那国空港
久部良港
与那国島
鳩間島
鳩間港

時 45～55分
¥ 2990円
安栄観光
八重山観光フェリー

上原港
石垣島
新石垣空港
石垣港
離島
ターミナル

時 40～50分
¥ 2290円
安栄観光
八重山観光フェリー

西表島
小浜港
小浜島
竹富港
竹富島

時 10～20分
¥ 880円
安栄観光
八重山観光フェリー

大原港
黒島港
黒島
波照間島
波照間港
波照間空港
新城島

時 25～30分
¥ 1680円
安栄観光
八重山観光フェリー

時 30分
¥ 1万400円
第一航空
（石垣営業所）

時 60～90分
¥ 4530円
安栄観光

※ ━ の航路は離島ターミナルから徒歩15分の対岸にある福山海運フェリーターミナルからの発着となる。運航日は要確認

高速船・フェリー利用のポイント

- ☑ チケットは往復で買うと少し割引になる。予約は不要。
- ☑ 運航時刻は天候や海の状況で変更されることがある。当日の運航状況は各社のウェブサイトでもチェックできる。
- ☑ 石垣港発着便には途中の離島に寄港する便もある。途中の離島でも乗下船できるので、離島間の移動にも便利。

宮古島から伊良部島・下地島へのバス

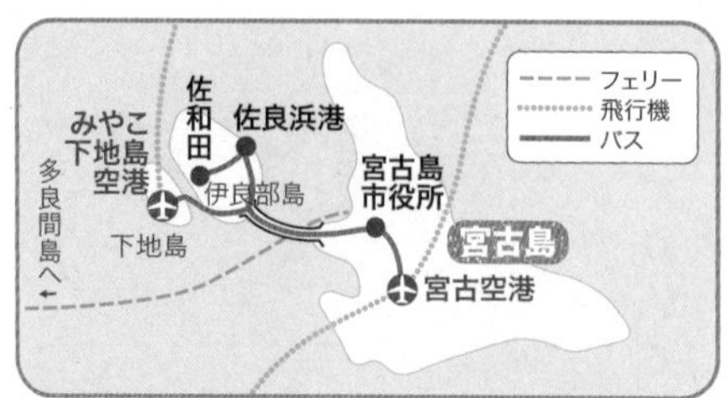

目的地	バス路線	所要時間	運賃	便数(1日)	問合せ先
伊良部島	宮古島市役所～佐和田車庫(伊良部)	61～65分	710円	8～9便	共和バス
	宮古島市役所～佐良浜港(伊良部)	39分	460円		
	佐良浜港～佐和田車庫	22～26分	310円		
下地島	宮古島市役所～みやこ下地島空港	35分	650円	4便	協栄バス

宮古島周辺の伊良部島へは、2015年に開通した伊良部大橋経由の路線バスを利用する。

島旅行計画のポイント

パッケージツアーを活用

ウェブサイトで「航空券とホテル」がセットで予約・決済までできる「スケルトンタイプ」のパッケージツアーはおすすめだ。飛行機の空席とホテルを検索しながら、空き状況や値段を確認できるので、分かりやすい。

●ねだんのポイント

- ●出発日が金・土曜など、週末は高くなる。平日は狙い目。
- ●飛行機は早朝出発便（東京からなら、朝6～7時台）が安く、8～10時ごろの便は高くなる。
- ●宿泊するホテルランクだけでなく、部屋のタイプ（宿泊棟）、眺め（ビュー）などで料金は変わる。

石垣島・宮古島レンタカーインフォメーション

比較的大きな石垣島や宮古島でも、3～5時間もあれば島を一周できるので、レンタカーを借りるのがおすすめ。石垣島や宮古島には、大手レンタカー会社の営業所に加えて、地元のレンタカー会社も多い。ただし、台数、車種は少ないのでなるべく早い時期に予約を入れよう。ウェブサイトでレンタカー会社のページから予約できるほか、航空会社のウェブサイトから航空券の予約と一緒に予約をすると料金が割引になる。

八重山諸島を回るのにお得なチケット

石垣島離島ターミナルの各社窓口でフリーパスを発売している。

「アイランドホッピングパス」

安栄観光の全航路に乗り降り自由で、3日券／1万2000円、4日券／1万3000円、5日券／1万4000円の3種類。利用開始日から連続しての有効期間になる。なお、石垣島～波照間島間の航路を利用しない場合は、3日券／6800円、4日券／7800円、5日券／8800円で購入できる。乗船区間ごとに、石垣港離島ターミナル内の安栄観光カウンターや各港のカウンターでパスを提示して、乗船券を受け取る。乗船券へ引換の際、利用区間分の燃料油価格変動調整金（燃料サーチャージ）の精算が必要なので注意。

「かりゆし周遊券」

八重山観光フェリーが運航する全航路に乗船でき、3日間有効／1万円、4日間有効／1万1000円の2種類。利用開始日から連続しての有効期間になる。最初の乗船予定時間の20分前までに、石垣港離島ターミナル内の八重山観光フェリーカウンターで受付が必要。かりゆし周遊券を提示して直接、八重山観光フェリーの運航している高速船に乗船できる。

問合せ一覧

航空会社

●全日空（ANA）
☎0570-029-222

●日本航空（JAL）・日本トランスオーシャン航空（JTA）琉球エアーコミューター（RAC）
☎0570-025-071

●ソラシドエア（SNA）
☎0570-037-283

●ピーチ（APJ）
☎0570-001-292

●ジェットスター（JJP）
☎0570-550-538

●スカイマーク（SKY）
☎0570-039-283

●第一航空（石垣営業所）
☎0980-86-8700

バス会社

石垣島
●東運輸（東バス）
☎0980-87-5423

●カリー観光
☎0980-88-0117

西表島
●西表島交通
☎0980-85-5305

竹富島
●竹富島交通
☎0980-85-2154

小浜島
●コハマ交通
☎0980-85-3830

宮古島
●宮古協栄バス
☎0980-72-2414

●中央交通
☎0980-79-5503

伊良部島
●共和バス
☎0980-78-3111

フェリー・高速船

竹富島・西表島・小浜島・黒島・鳩間島・波照間島

●八重山観光フェリー
☎0980-82-5010

●安栄観光
☎0980-83-0055

与那国島
●福山海運（石垣）
☎0980-82-4962

レンタカー

予約センター
●トヨタレンタカー
☎0800-7000-111

●日産レンタカー
☎0120-00-4123

●ニッポンレンタカー
☎0800-500-0919

●オリックスレンタカー
☎0120-30-5543

●スカイレンタカー
☎0570-077-180

石垣島
●一番星レンタカー
☎0980-88-5098

西表島
●やまねこレンタカー（大原）
☎0980-85-5111

波照間島
●オーシャンズレンタカー
☎0980-85-8387

与那国島
●米浜レンタカー
☎0980-87-2148

みやげもグルメも充実！南ぬ島(ぱいぬしま)石垣空港

新石垣空港（愛称：南ぬ島石垣空港）には、フードコートをはじめ施設が充実。島の名産品店や飲食店が揃い、みやげ探しや地元グルメを満喫できます。

みやげ

沖夢紫ロールモンブラン

1個 2000円

ココア生地のロールケーキを石垣島産の紅芋「沖夢紫」のクリームで包んだ人気スイーツ。

しまのかやいまや
島の菓 八重山屋Ⓐ

☎0980-87-0293 7時30分～20時 休無休

石垣島 エンジェルブラウンケーキ

1箱6個入 864円

八重山産の黒糖を使った、しっとりと優しい味わいのケーキ。形は天使の輪をイメージ。

みんさー織結ふくろ（ミニ）

1個 1925円

伝統的な絣模様の巾着袋。島の海をイメージしたブルーやピンクが定番人気。

あざみや くうこうてん
あざみ屋 空港店Ⓒ

☎0980-87-0397 7時30分～20時 休無休

米子焼シーサー ガハハS

1個（ペア）2860円

カラフルで愛嬌たっぷりの表情が魅力のシーサーは置物にぴったり。空港限定カラー。

いしがきしとくさんひんはんばいせんたーくうこうてん
石垣市特産品販売センター空港店Ⓑ

☎0980-87-0291 7時30分～20時 休無休

グルメ

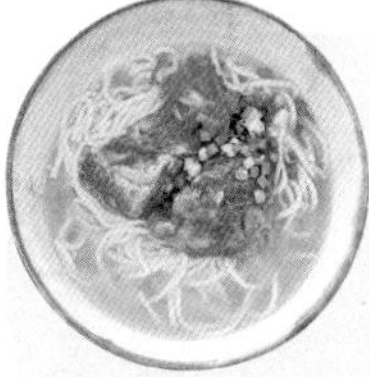

ソーキそば（並）900円

じっくり甘辛く煮こんだソーキ（豚のあばら肉）が入ったボリューム満点の八重山そば。

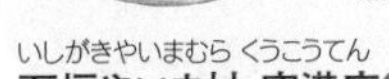

いしがきやいまむら くうこうてん
石垣やいま村 空港店Ⓓ

☎0980-87-0431 9時～19時45分LO 休無休

ジェラート（ハーフ&ハーフ）

550円～

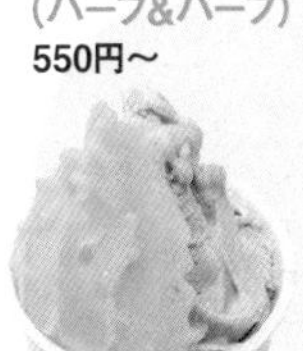

写真のマンゴー、紅芋のほか、塩黒糖や島豆腐、島バナナなど18種のフレーバーが揃う。

いしがきじまみるみるほんぽ いしがきくうこうてん
石垣島ミルミル本舗 石垣空港店Ⓔ

☎0980-87-0443 7時30分～20時 休無休

しんいしがきくうこう
新石垣空港

空港は島の東海岸の高台に立地。市街地までは車で約30分。直通バス（有料）もある。☎0980-87-0468（石垣空港案内カウンター）※館内での忘れ物、観光案内の問合せのみ。運航状況の問合せは各航空会社へ。7時30分～21時（案内時間）P295台（有料）MAP折込表D6

新石垣空港フロアMAP

1F
屋上 展望デッキへ
2階 送迎デッキへ
2階 送迎デッキへ
手荷物受取所
石垣空港案内カウンター
ソラシド
ANA
フードコート
手荷物配送サービス
フードコート
JTA RAC
第一航空
peach
出発ロビーへ
出発ロビーへ
タクシーのりば
Pへ
バスのりば
チェックインロビー（1階／ANA・ソラシド）
チェックインロビー（1階／JTA・RAC・第一航空、peach）

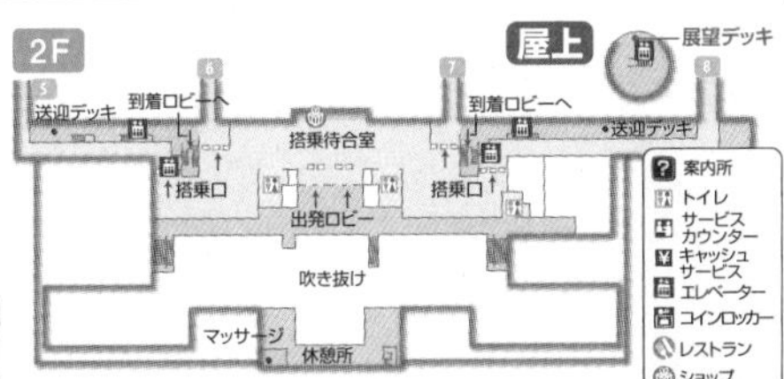

島の名産品が集結！宮古空港

宮古島の玄関口となる宮古空港には、空港限定品をはじめ、特産品を使ったお菓子や調味料などが勢揃い。旅の最後にゲットしよう。

みやげ

うずまきサンド 170円

甘いクリームが入ったロールケーキのようなパンは、島人の大好物。入荷は不定期。

ぐりーんりーふ
ぐりーんりーふⒶ

☎0980-72-7521 🕒8時～19時30分 休無休

宮古ガトーショコラ
5個入 1998円

濃厚なチョコの味わいとしっとりとした口どけが魅力。冷やすとさらにおいしさアップ。

ちゅらたび
美ら旅Ⓑ

☎0980-73-1005 🕒8時～19時30分 休無休

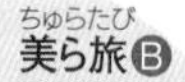

雪塩さんど
6個入　1100円

雪塩とコーンフレーク入りのチョコをクッキーでサンド。その他、雪塩を使ったスイーツが揃う。

ゆきしおさんど みやこくうこうてん
雪塩さんど 宮古空港店Ⓒ

☎0120-408-385 🕒8～19時 休無休

宮古島まもる君 まるこちゃん 泡盛ミニボトル
2本入（1本100ml）
733円

島の人気キャラがラベルになった「宮の華」のミニボトル。宮古島内だけの限定販売。

グルメ

宮古そば（並）
800円

宮古そばのほか、ちゃんぷるーなどの郷土料理や定食、カレー、ドリンク類が揃う。

くうこうれすとらん ぱいぱいのむら
空港レストラン ぱいぱいのむらⒹ

☎0980-72-0007 🕒9時～17時30分 休無休

A&Wバーガーコンボ 1410円～

ドリンクやカーリーフライが付く、食べごたえ満点のセットメニュー。

えいあんどだぶりゅ みやこくうこうてん
A&W 宮古空港店Ⓔ

☎0980-75-4737 🕒10時～19時15分LO 休無休

みやこくうこう
宮古空港

市街地から車で約15分という便利な立地。1、2階に特産品を集めたショップと飲食店があり、出発までの時間を買い物や食事、休憩で楽しく過ごせる。☎0980-72-1212 🕒7～21時（飲食店・ショップは店舗により異なる）Ⓟ400台（有料） MAP折込表C5

宮古空港フロアMAP

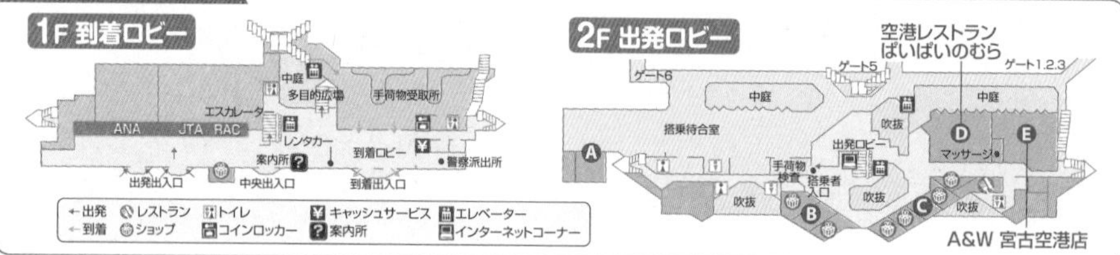

下地島(宮古諸島)の空港

立ち寄りスポットとしても人気 みやこ下地島空港ターミナル

宮古島と橋で結ばれた伊良部島に隣接する下地島に立地。
洗練された空間で、島モチーフのおしゃれな雑貨や食品をゲットしよう。

みやげ

島のびんづめシリーズ

1個750円～

伊良部島産の魚を使用した「カツオとマグロの佃煮」、「宮古牛焼肉」など3つの味が揃う

琉球泡盛 古酒 下地島シリーズ

1本300ml 1100円～

泡盛初心者でも飲みやすい下地島空港限定のオリジナル泡盛。毎年11月に新しい味が登場する

島のみつ 1個 972円～

シロハナセンダングサからとれた宮古島産の純粋はちみつ。3個購入すると化粧箱に入れてもらえる。

島のおくりものシリーズ

840円～

写真のちんすこうのほか、どらいふるーつ、黒糖くるみの全3種類

こーらるぽーと ざ しょっぷ
coral port the Shop Ⓐ

☎0980-78-6602 🕒9～19時 休無休

グルメ

スムージー&フラッペ(左から)

- パイン&ドラゴンフルーツ スムージー 660円
- 島バナナ&マンゴーミルク スムージー 690円
- マンゴースムージー 770円

サンドイッチ

友利さんのカツオなまり節&海ぶどう グリルポテト&ドリンクセット 1240円

こーらる ぽーと ぐらぶ あんどごー
搭乗客以外も利用可
coral port Grab&GoⒷ

☎0980-78-6603 🕒9～19時 休無休

しもじしまくうこう
下地島空港

チェックインエリアには、飛行機を利用しなくても買い物やグルメを楽しめる売店やショップがある。

☎0980-78-6606(インフォメーションカウンター) ※航空券の予約、運航状況の問合せは各航空会社へ。🕒9～19時 P240台(無料) MAP折込表A4

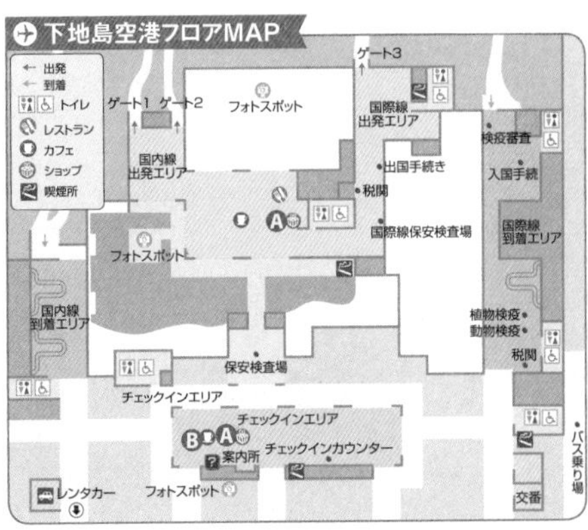
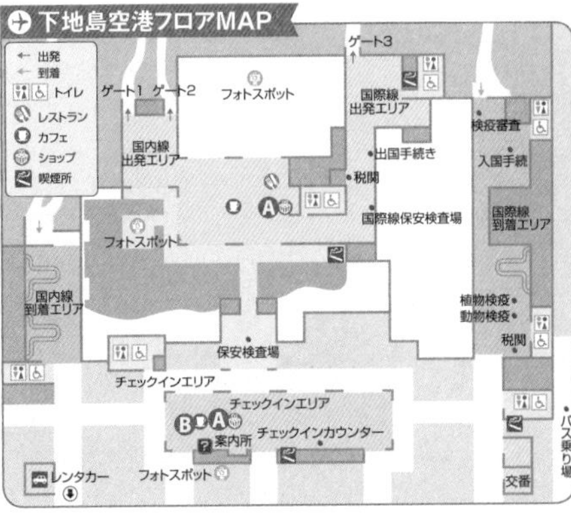

八重山諸島・宮古諸島の知っておきたいエトセトラ

ちょっとした予備知識があると、旅先での出会いは一段と広がります。出かける前に、予習しておきませんか。

読んでおきたい本

出かける前に読めば期待は高まり、旅先で読めば島の魅力は倍増。実用的で味わい深い2冊をご紹介。

石垣 宮古 ストーリーのある島旅案内

沖縄在住の著者が各島のとっておきスポットを素敵な写真と物語で紹介。島旅アドバイス、24時間モデルコースや島コラムなども。

JTBパブリッシング／2018年／セソコマサユキ著／1650円

西表島のいきもの図鑑1000種

西表島に棲息する動植物1000種を、美しい写真と詳しい解説文で紹介している。ネイチャーツアーの予習、復習に便利。

メイツ出版／2023年／堀井大輝著／2420円

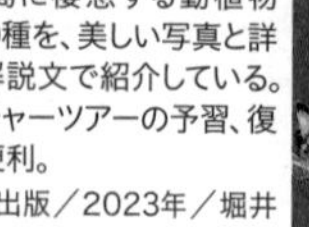

聴いておきたい唄

島にいればどこからともなく聞こえてくる島唄。歌詞を口ずさめば、気分はもう島人。

島人ぬ宝（しまんちゅぬたから）

石垣島出身の人気バンドが、故郷を想って唄う名曲。沖縄県内の民謡酒場でも人気No.1のオキナワンポップス。

CD『島人ぬ宝』／インペリアルレコード／2002年／歌・演奏：BEGIN／1019円

安里屋ユンタ（あさどやゆんた）

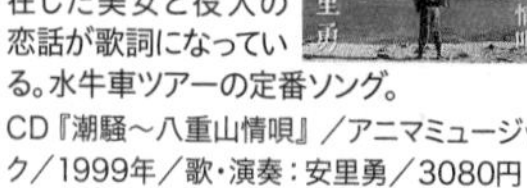

八重山に伝わる代表的な民謡。竹富島に実在した美女と役人の恋話が歌詞になっている。水牛車ツアーの定番ソング。

CD『潮騒～八重山情唄』／アニマミュージック／1999年／歌・演奏：安里勇／3080円

見ておきたいドラマ

主人公になった気分で、ロケ地を回るのも楽しい。画面のなかの美しい風景と実際に出会う感動をぜひ！

ちゅらさん

島で生まれ育ったヒロインが成長する姿を描く。小浜島の美しい風景も必見。

DVD総集編BOX／ポニーキャニオン／2001年／主演：国仲涼子／脚本：岡田惠和／1万5510円

Dr.コトー診療所

離島に赴任した医師が葛藤を経て、島民と心を通わせる。与那国島がロケ地。

DVDスペシャルエディションBOX／ポニーキャニオン／2004年／主演：吉岡秀隆／脚本：吉田紀子／2万7500円

見ておきたい映画

小さな島ならではの人間模様に思わず引き込まれる…。そんな心に響く2作品をご紹介します。

ニライカナイからの手紙

竹富島に残された娘と東京で暮らす母の、手紙を通した心の交流を描く。うつぐみに根ざした人の絆がテーマ。

DVD／ポニーキャニオン／2006年／主演：蒼井優／監督：熊澤尚人／4378円

ぱいかじ南海作戦

原作は椎名誠の小説で、自然豊かな西表島が舞台。都会から来た4人が浜辺で暮らしながらトラブルに立ち向かうサバイバルコメディ。

BD／キングレコード／2012年／主演：阿部サダヲ／監督：細川徹／2750円

祭・イベント

島は年中行事が目白押し。観光客が気軽に参加したり、見学できる行事をピックアップしました。

3月中旬～4月上旬

海びらき うみびらき

八重山、宮古それぞれでイベントが行われる。ただし本格的な海水浴シーズンは5月から。

☎0980-79-6611（宮古島観光協会）
☎0980-87-6252（八重山ビジターズビューロー）

5～6月（旧暦5月4日）

海神祭 かいじんさい

漁師の伝統行事、爬龍船競漕（はりゅうせんきょうそう）大会「ハーリー」が各地で行われ、特に石垣島が盛大。

☎0980-82-2448（八重山漁業協同組合）

7～8月（旧暦の6月）

豊年祭 ほうねんさい

各島、各集落で行われる豊作祈願の祭祀。石垣島の四箇字の豊年祭は大勢の見物人で賑わう。

☎0980-82-1307（石垣市役所農政経済課）

10～12月

種子取祭 たなどぅい

多くの祭祀が受け継がれる竹富島で、最も盛大な行事。2日間にわたる奉納芸能が見事だ。（☞P65）

☎0980-82-5445（竹富町観光協会）

島ならではの食材

離島を訪れたらぜひ味わいたい島のグルメ。人気のフルーツは7月がベストシーズンです。

石垣牛

八重山で生まれ、石垣島で肥育された、JA認定の高品質ブランド和牛。

イラブチャー

ブダイの仲間の総称。外見は派手な色合いながら、白身で美味。

海ぶどう

海藻の一種。ぷちぷちとした食感と、塩気の利いた味わいがクセになる。

ガサミ

マングローブに棲息するカニの一種。濃厚な味は一度食べると忘れがたい。

リュウキュウイノシシ

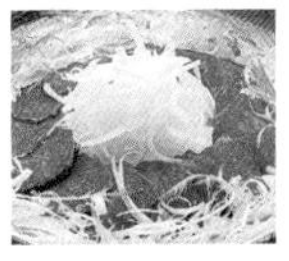

南西諸島に棲息する小型のイノシシ。島の方言でカマイ。タタキや汁物などで。

マンゴー

濃厚な甘さで南国フルーツの一番人気。宮古・石垣島が名産地、旬は7月。

パッションフルーツ

酸味が爽やかで、プチプチとした食感。ヨーグルトなどと相性抜群。

石垣島ラー油

島素材が醸す濃厚な風味は他商品と一線を画す。(入手方法は☞P37)

八重山・宮古の一番!

南の島々には自慢のイチバンがたくさんあります。小さな島ながら、あなどれない存在なのです。

沖縄県で一番高い山

石垣島の於茂登岳が最高峰。標高526mで、登山口から山頂まで約40分。

沖縄県で一番長い川

西表島の浦内川が延長18.8kmで最長。遊覧船でクルーズできる(☞P77)。

日本で一番広いサンゴ礁

石垣島と西表島間に広がる石西礁湖(せきせいしょうこ)は、国内最大級。

日本で一番多くの星を観測

波照間島では、全天88の星座中、84の星座が見られる(☞P87)。

日本で一番遅く太陽が沈む場所

与那国島の西崎(いりざき)。夏至の日没は19時40分前後(☞P89)。

世界で一番大きい蛾

与那国島に棲息するヨナグニサン。羽の全長は約24㎝にもなる。

世界で一番!? おいしいパイン

八重山は日本最大の生産地。世界で最も栽培に適した気候なのだとか。

島の方言

島の方言は難解。まずはこんな言葉を覚えて、島人とコミュニケーションをとってみましょう。

おーりとーり(八重山)
んみゃーち(宮古)
…いらっしゃいませ
みーふぁいゆー(八重山)
たんでぃがーたんでぃ(宮古)
…ありがとうございます
美ら(沖縄全般)
あぱらぎ(宮古)
…美しい
ずみ(宮古)…最高!
ぱかすき(宮古)…おもしろい
ぱにぱに(宮古)…元気
びーちゃー(八重山)…酔っぱらい
とぅもーる(八重山)…海

服装

日本で最も温暖なエリアとはいえ、季節に合わせた服装の準備は必要。水着で泳げるのは5~9月ごろです。

1~2月
1月が最も寒くなる。北風が強く、体感温度も低いので、厚手の上着は必携。

3~4月
気温が上がりはじめ、日中はTシャツで大丈夫な日も。朝夕は厚手の長袖がほしい。

5~6月
例年5月上旬から6月中旬が梅雨。ただし晴れの日も多い。半そでTシャツでOK。

7~8月
梅雨が明けると夏本番。日差しが強く、気温も30℃を超えるので、熱中症予防を。

9~10月
残暑が続くが、10月中旬に北風が吹くと秋めいてくる。朝夕は厚手の長袖がほしい。

11~12月
日中は汗ばむ日もあるが、朝夕は冷える。Tシャツと厚手の長袖を用意したい。

INDEX さくいん

石垣島

あ

R's Cafe……27
明石海岸……29
あざみ屋 空港店……121
あざみ屋 みんさー工芸館……34
あらかわ食堂……56
アレーズド・バレ ISHIGAKI……55
安栄観光……62
イエローサブマリンダイブスタジオ…31
石垣牛炭火焼肉 やまもと……41
石垣港離島ターミナル……62
石垣シーサイドホテル……54
石垣市公設市場……57
石垣市特産品販売センター…49・58
石垣市特産品販売センター 空港店……121
石垣島 南島焼……48
石垣島馬広場……33
石垣島ガラス工房 Ponte……56
石垣島キッズ……57
石垣島サンセットビーチ……29
石垣島鍾乳洞……56
石垣島ダイビングショップ ABCdive…31
石垣島天文台……56
石垣島トラベルセンター……63
石垣島ドリーム観光……62
石垣島ビーチホテルサンシャイン…54
石垣島ブルーダイブ……31
いしがき島 星ノ海プラネタリウム…63
石垣島ミルミル本舗……44
石垣島ミルミル本舗 石垣空港店..121
石垣島酔い処っ……56
石垣商店……56
石垣ペンギン……37
石垣マーケット……22
石垣やいま村……56
石垣やいま村 空港店……121
石垣島冷菓……45
一休……39
稲福酒販……117
御神崎……25
うさぎや 石垣本店……47
海Cafe&Kitchen St.ELMO…43
うみの教室……31
ANAインターコンチネンタル 石垣リゾート……50
エコツアー りんぱな……33
オーシャンズ石垣島……31
沖縄かりゆしリゾートEXES石垣..53

か

川平公園茶屋……27
川平ファーム……49
川平マリンサービス……27
川平焼 凜火……35
川平湾……24・26
carib café……24・43
キミ食堂……38
クラブメッド・石垣島 カビラ……53
グランヴィリオリゾート石垣島……52
グランピングリゾート ヨーカブシ..55
CORNER'S GRILL……41

さ

Sanufa 石垣離島ターミナル……63
さよこの店……45
三線ショップ島風……47
さんぴん工房……48
シーフレンズ……30
shimaai……35
島唄ライブ 芭蕉布……46
島の駅 カビラガーデン……27
島の菓 八重山屋……121
島野菜カフェ Re:Hellow BEACH…43
島料理居酒屋 あだん.亭……36
島料理の店 南の島……37
酒肴屋 迷亭……57
旬家 ばんちゃん……36
新石垣空港……121
スカイアドベンチャーうーまくぅ…32
底地海水浴場……28
請福酒造 泡盛工場……116
Seven Colors 石垣島……55
せんべろ風土……56

た

髙嶺酒造所……27
たけさん亭……41
玉取崎展望台……22
とうふの比嘉……37
とぅもーるショップ……63

な

なかよし食堂……36
名蔵湾……25
Natural Gareden Cafe PUFF PUFF ..42
730COURT……57
七人本舗……45
NEO MARINE 石垣島……33
のばれ岬観光農園……43

は

ハウトゥリー ジェラート……44
Banana Café……57
ぱぱ屋……23
バンナ公園(エメラルドの海を見る展望台)……25
平久保崎……23
平田観光……63
ファーマーズマーケット やえやま ゆらてぃく市場……57
FARM&CAFE 光楽園……45
フィールドネイチャー石垣島……32
福ん黄……48
フサキビーチ……29
フサキビーチリゾート ホテル&ヴィラズ…51

ま

マーミヤかまぼこ本店……57
マエサトビーチ……29
マックスバリュやいま……58
南の美ら花 ホテルミヤヒラ……54
宮良殿内……56
宮良川のマングローブ林……33
宮良農園……44・49
民謡居酒屋 よるどーや……47
森の賢者……37

や

八重山観光フェリー……62
八重山そば 平良商店……39
八重山そば処 来夏世……38
焼肉きたうち牧場 浜崎本店……40
やちむん館工房……49
ゆうくぬみ……39
ユーグレナ・ガーデン……57
ユーグレナモール……57
吉田サバニ造船……33
米原海岸……24・28
米原ヤエヤマヤシ群落……23

ら

REKIO・GORES 港店……63

竹富島

あ

アトリエ 五香屋……67

か

カイジ浜……67
コンドイ浜……67

さ

そば処 竹の子……66

た・な

竹富観光センター……68
竹富観光センターグラスボート…67
なごみの塔……66
西桟橋……66

は

ぱーらー願寿屋……67
星のや竹富島……90

西表島

あ

A PICTURE BOOK……81
亜熱帯植物楽園 由布島……74
泡波と島の味 はてるま……80

観光みどころ　プレイスポット　レストラン・食事処　カフェ・喫茶　居酒屋・BAR　みやげ店・ショップ　宿泊施設　温泉